Паспорт в Россию

Passport to Russia

Паспорт в Россию

Passport to Russia

**Алла Назаренко и
Кит Роусон-Джоунс**

*Alla Nazarenko and
Keith Rawson-Jones*

Copyright © 2000 Sheffield Academic Press

Published by
Sheffield Academic Press Ltd
Mansion House
19 Kingfield Road
Sheffield S11 9AS
England

Typeset by BBR, Sheffield
and
Printed on acid-free paper in Great Britain
by Bell & Bain Ltd, Glasgow

British Library Cataloguing in Publication Data

A catalogue record for this book is available
from the British Library

ISBN 1-85075-879-4

To Svetlana Grigoryevna Ter-Minasova,
Dean of the Faculty of Foreign Languages,
Moscow State University. With Love.

Содержание

	От авторов	*ix*
1.	**Русский национальный характер**	*1*
2.	**Женщины России**	*17*
3.	**Новая жизнь, «новые русские»**	*33*
4.	**Молодёжь**	*45*
5.	**Образование**	*59*
6.	**Средства массовой информации**	*69*
7.	**Праздники**	*79*
8.	**Москва — 850-летний юбилей города**	*99*
9.	**Религия**	*111*
10.	**Искусство**	*121*
11.	**Транспорт**	*139*
12.	**Экология**	*155*
13.	**Экономика России**	*169*
14.	**Послесловие или урок 14, чтобы не заканчивать, несчастливым числом 13.**	*181*
	Русские дикторы	*189*

Note: The references to 'Wade' which accompany some of the exercises are to paragraphs in: Terence Wade, *A Comprehensive Russian Grammar*, Blackwell, 1992

От авторов

Россия — страна огромная и, как многие считают, загадочная. Сами русские любят цитировать поэта прошлого века Тютчева, который сказал:

«Умом Россию не понять,
Аршином общим не измерить.
У ней особенная стать,
В Россию можно только верить.»

Совершенно далекие от желания мистифицировать реальность, авторы пытались представить вам Россию через восприятие и оценки своих современников — людей из самых разных сфер жизни. И хотя мнения людей субъективны, они как бы высвечивают самые разные, зачастую

неожиданные грани рассматриваемого объекта, в результате чего получается живое объемное изображение.

Разумеется, для действительно полной и объективной картины не хватает статистики, научного анализа. Но это дело ученых.

Мы представляем вам Россию глазами обычных людей. Глазами самих россиян. Мы представляем вам Россию во времена больших перемен. Мы представляем ее вам в тот момент, когда она (в который раз!) решает свою судьбу, мучаясь — чисто по-русски — сомнениями, делая шаг вперед, два шага назад и теряя точку опоры. Вот почему каждый день она другая, не похожая на вчерашнюю, и материал, собираемый для этой книги, устаревал уже через месяц, если не через неделю. Но это — история, и она тоже помогает понять эту страну. С ее тяжелыми удушающими проблемами и выстраданными сомнительными достижениями. С ее людьми и их печалями и радостями — такими земными, такими общечеловеческими. Вы поймете их.

Итак, знакомьтесь: Россия. Страна и люди.

УРОК 1

Русский национальный характер

1 ЧИТАЕМ И РАСШИРЯЕМ СВОЙ СЛОВАРНЫЙ ЗАПАС

1.1 Эти слова и словосочетания могут понадобиться вам при обсуждении данной темы:

стереотип: сложившийся стереотип; сломать стереотип; ломка стереотипов
стереотипный: стереотипное представление
гостеприимство: русское гостеприимство
патриотизм: истинный/глубокий/высокий патриотизм
религиозность: фанатичная религиозность
бескорыстие: проявлять бескорыстие
смекалка: природная смекалка
терпение: необыкновенное/безграничное терпение
индивидуализм: крайний индивидуализм
человек: добрый/злой/ленивый/работящий/отзывчивый/душевный/чёрствый/
    законопослушный человек
характер: национальный характер; черта характера
жизнь: радоваться жизни; цель в жизни
счастье: истинное счастье
испытание: суровое испытание; выдержать/пройти испытание

1.2 Прочитайте текст 1, содержащий некоторые рассуждения о русском национальном характере.

ТЕКСТ 1

О каждом народе в мире существует стереотипное представление. Англичан, например, считают чопорными и холодными, французов — легкомысленными и галантными, немцы имеют репутацию пунктуальных и законопослушных, американцы — деловых и энергичных, японцы — необыкновенно трудолюбивых.

Русские ассоциируются с ленивым неповоротливым медведем.

В известной русской сказке никакая сила не может заставить главного героя — Иванушку-дурака слезть с теплой печки: он даже к царю отправляется верхом на печи! Однако во всех сказках Иван-дурак непременно превращается в Ивана-царевича: умного, красивого и удачливого. Значит, не так уж он и глуп, не столь и ленив!

Может, в этом и есть загадка русского характера?

На заре XX века знаменитый русский поэт Александр Блок писал: «Россия — сфинкс». Непостижимость, противоречивость и непредсказуемость «загадочной русской души». Она издавна привлекала к себе внимание иностранцев. Посмотрите, какие черты отмечают они у русских:

— общественный характер сознания, чувство коллективизма и братства;
— отсутствие индивидуализма;
— искреннее гостеприимство;
— патриотизм и внутренняя религиозность, зачастую не имеющая отношения к вере;
— искренность и открытость при внешней замкнутости, но и лживость и нечестность;
— отзывчивость, но и подозрительность;
— природная смекалка;
— необыкновенные терпение и выносливость;
— беспечность и легкомыслие;
— способность на глубокое чувство;
— полное безразличие к политическим свободам;
— фатализм;
— лень.

(Из книги «Россия и Запад: диалог культур», М., 1994, с. 27-29)

Конечно, это схемы, обобщения. Живые же люди — самые разные. Как в любой другой стране. Есть бедные и богатые. Есть добрые и злые, отзывчивые и черствые. Негостеприимные или, наоборот, хлебосольные. Как Анна Ивановна Бабурова, обыкновенная русская женщина. Человек, рассказывающий о ней, познакомился с ней случайно, через свою коллегу. В конце зимнего дня, усталые и озябшие, они очутились недалеко от дома Анны Ивановны и коллега предложила: «Здесь неподалеку живет моя родственница. Давайте зайдем к ней передохнуть. Она — человек душевный».

Так они оказались в коммуналке*, в маленькой, просто обставленной, но уютной комнате — со старыми фотографиями на стенах, образами** в переднем углу и большим гостеприимным столом. Гости и оглянуться не успели, как хозяйка собрала угощение. Поражали ее быстрые руки и легкая походка — женщине за восемьдесят, а она словно и не чувствует возраста. Между делом рассказывает всякие забавные истории из своей непростой, но интересной жизни и все приглашает выбраться к ней на масленицу и отведать ее блинов. А блины у нее — пальчики оближешь! Готовить их Анна Ивановна — большая мастерица. А пироги, ватрушки? И не захочешь, а скушаешь.

Откуда у нее такое мастерство? Отец, Иван Яковлевич Яковлев, был известный до революции пекарь. От него и Аня многому научилась. Потом был тридцатый год и Москва, куда она приехала на строительство экспериментального дома на Гоголевском бульваре вместе с мужем Иваном — знатным плотником. Впоследствии он стал механиком и работал на московском хлебозаводе. Во время войны место ушедшего на фронт мужа на заводе заняла Анна — освоила профессию формовщицы.

Испытаний, как у всех женщин ее поколения, на ее долю выпало немало: послевоенная разруха, болезнь мужа, который вернулся с фронта калекой, дети, которых пришлось ставить на ноги одной. Всех выучила, вывела в люди. Дочка — научный работник, старший сын — художник, а младший ведает в Министерстве отделом транспорта. Шесть внуков, семь правнуков. И все тянутся к бабушке — она все знает и все может.

(По материалам газеты «Вечерняя Москва», 11 марта 1994 г.)

* коммуналка — коммунальная квартира, т.е. квартира, в которой живет несколько семей (каждая в отдельной комнате), пользующихся общей кухней, туалетом и ванной

** о́браз — икона (*мн.ч.* образа́)

1.3 **Подберите слова с противоположным значением к данным прилагательным, характеризующим человека. Продолжите этот список.**

Пример: богатый — бедный
гостеприимный
добрый
обыкновенный
усталый
терпеливый
открытый
честный

серьезный
религиозный
отзывчивый
подозрительный
ленивый
добросовестный

1.4 Составьте словесный портрет знакомого вам человека, уделив особое внимание чертам его характера. Ограничьтесь 50 словами.

1.5 Объясните значения следующих выражений:

душевный человек
не успели оглянуться
выбраться к ней на масленицу
пальчики оближешь
знатный плотник
выпало на долю
(по)ставить на ноги
вывести в люди
тянуться к бабушке

1.6. Познакомьтесь с размышлениями этносоциолога К. Касьяновой, автора книги о русском характере:

ТЕКСТ 2

Знаете ли вы, что одна из самых главных ценностей нашей культуры — бескорыстие? А это значит, что рынок, каким он реально складывается в России, пока что находится вне пределов нашей культуры. Говоря о нем, имеют в виду какой-то довольно абстрактный образец: «западный рынок». Специалисты же утверждают, что такого рынка в природе не существует. Есть рыночное хозяйство США, Франции, Японии, Швеции и т.д. Они во многом различны, что объясняется и экономическими, и геополитическими причинами, а также (и, может быть, в первую очередь) разницей национальных культур.

Не рынок создавал новые ценности и образцы поведения в этих странах, а их национальная культура осваивала рынок, создавала моральные нормы рыночного поведения, придавала ему цивилизованный характер.

У русских система ценностей такова, что рынок чужого образца в нее не помещается. По мнению американского социолога Парсона, «дозволенность частных интересов» в различных культурах разная: в одних частные интересы допускаются в большей степени, в других — в меньшей. Наша культура относится ко второму типу.

Я знаю семью, в которой жена и муж — представители разных культур. Когда началась перестройка, муж организовал кооператив, где кооператоры назначали себе высокую зарплату. Он радостно приносит эти деньги домой, а жена швыряет их и кричит: «Разве ты не понимаешь, что это позорно?» И он совершенно искренне не может понять, чем вызвана такая (не менее искренняя) реакция.

Да, у нас действует норма: человек не должен стремиться к получению больших денег как таковых, но он может это делать ради каких-то высоких и разумных целей. В этом случае предприниматель получит признание общества.

Ему также не следует демонстрировать свои высокие доходы. Он должен руководствоваться чувством меры, проявлять бескорыстие, оказывать помощь людям, находящимся в трудном положении. Это и ему самому дает моральное удовлетворение: ведь он старается не только для личного обогащения.

В русском национальном характере есть черты, которые могут стать сильной чертой именно нашего предпринимателя. Это, например, склонность к устойчивым, глубоким связям с людьми, упорство в отстаивании дела в самых тяжелых, почти безнадежных условиях. Но эти качества могут стать полезными только в таком деле, которое соответствует моральным ценностям общества.

Наши ценностные системы не слишком поощряют индивидуальное предпринимательство. Но коллективными предпринимателями мы были неплохими всегда. Примером могут служить русские артели.

Конкретный человек, что бы он ни говорил, всегда чувствует себя неуютно, если его действия не отвечают общепринятой ценностной модели. Это чувство может быть подавлено, может не проявляться годами, но это кончается неизбежным срывом. Психиатрам известен такой феномен, как самоубийство на вершине карьеры. Внешне карьера могла быть у человека успешной, но внутренне он ощущал, что достигает ее недозволенными методами. (Недозволенными не юридически, а культурно!)

«Что будет с человеком, если он обретет весь мир, но повредит душе своей?» — спрашивал Христос. Если человек начинает ощущать, что «повредил душе своей», то никакая высокая зарплата ему не поможет. Ему нужно нравственное очищение. Если он его не найдет, он начнет пить или покончит с собой, или еще как-нибудь сорвется.

Поэтому и рыночная система должна быть построена таким образом, чтобы у человека не возникало внутреннего раздвоения, чувства вины. Иначе рынок неизбежно начнет аккумулировать в себе асоциальные личности.

(По материалам журнала «Знание — сила», 1993 г.)

Обратите внимание на большое количество устойчивых словосочетаний в данном тексте, который носит явно выраженный научный характер. Вот основные из них:

главная ценность культуры	представители разных культур
западный рынок	получить признание общества
рыночное хозяйство	демонстрировать высокие доходы

объясняться экономическими причинами	руководствоваться чувством меры
разница национальных культур	моральное удовлетворение
создавать новые ценности	моральные ценности общества
образцы поведения	ценностные системы, модели
моральные нормы	система ценностей
индивидуальное предпринимательство	нравственное очищение
цивилизованный характер	чувство вины

1.7 Какие ключевые слова характерны для этого текста?

1.8 Максимально сократите текст и передайте его основное содержание в 50-70 словах. Активно используйте словосочетания из упражнения 1.6.

2 ПИШЕМ, ИЗУЧАЕМ ГРАММАТИКУ

2.1 Употребите краткие или полные формы прилагательных. Измените слово там, где это необходимо. (Wade, §144–75)

1. Если англичанин, в стереотипном представлении _____ (чопорный) и _____ (холодный), то французы _____ (легкомысленный) и _____ (галантный), а немцы _____ (пунктуальный) и _____ (законопослушный).
2. Американцы, в отличие от них _____ (деловой) и _____ (энергичный), а японцы _____ (трудолюбивый).
3. Эта _____ (русский) сказка _____ (известный) всем _____ (маленький) детям.
4. Как _____ (непостижимый), _____ (противоречивый) и _____ (непредсказуемый) _____ (русский) душа!
5. Как же Иван-царевич _____ (умный), _____ (красивый) и _____ (удачливый)!
6. Какая же ты _____ (глупый), _____ (ленивый) и _____ (жадный)!
7. Я ко всему этому совершенно _____ (безразличный).
8. Его _____ (безразличный) ко всему отношение было даже _____ (оскорбительный).
9. Характер сознания русского человека _____ (общественный), _____ (коллективный).
10. Он никогда не был _____ (способный) на глубокое чувство.

11. _____ (беспечный) и _____ (легкомысленный) люди зачастую более _____ (счастливый), чем _____ (серьезный) и _____ (вдумчивый).
12. Как _____ (хороший), как _____ (свежий) были розы!

2.2 **Все существительные из текста поставьте в именительном падеже единственного числа и распределите в 4-х колонках.** (Wade, §30–45)

1	2	3	4
сущ-ные м.р.	сущ-ные ж.р.	сущ-ные ср.р.	те сущ-ные, род которых определяется контекстом (дайте их в микроконтексте и укажите род)

2.3.а **Выпишите из текста одушевленные и неодушевленные существительные мужского рода, распределив их соответственно в две колонки.** (Wade, §47)

одушевленные   неодушевленные

2.3.б **Заполните пропуски, поставив существительные в скобках в соответствующем числе и падеже (падеж укажите). Обратите внимание на различие в падежных окончаниях у одушевленных и неодушевленных существительных мужского рода.**

1. Нет _____ (рынок) западного, западным считают _____ (рынок) США, Канады, Франции и т.д.
2. Российский рынок _____ (образец) 1996 года относится к числу интереснейших _____ (феномен) нашего века.
3. Интересы _____ (социолог) и _____ (психиатр) совпадают в том, что и тот и другой рассматривают _____ (человек) как продукт общества и эпохи.
4. Ужасно, когда в одной _____ (семья) взгляды _____ (муж) и _____ (жена) не совпадают. Пока _____ (муж) нет дома, _____ (жена) воспитывает _____ (дети) по-своему. Потом приезжает _____ (муж) и начинает исправлять ошибки _____ (жена). Я знаю одного такого _____ (муж) и такую _____ (жена). Мне жаль их _____ (дети).
5. До сознания _____ (народ) никак не доходит, что когда вводят _____ (войска), уже поздно обвинять _____ (генерал), надо обвинять сам _____ (народ).
6. Некоторые черты _____ (характер) _____ (человек) проявляются только в экстремальных ситуациях.
7. Воспитывать _____ (человек), формировать его _____ (характер) нужно с раннего детства.

2.4.а Найдите в этих двух текстах, в которых россияне говорят сами о себе, возвратные притяжательные местоимения «свой», «свои», возвратное местоимение «себя», и местоимение «сам». Объясните их употребление.
(Wade, §117, 120, 131)

АЛЕКСАНДР СОЛЖЕНИЦЫН (В ответ на вопрос корреспондента еженедельника «Аргументы и Факты», №3, 1995 г.):

— Как объяснить наш советско-русский характер? У нас процветают доносительство, чинопоклонение, взяточничество. Мы перестали разбираться в людях. Гения топчем, ничтожеству поклоняемся.

— У русских, конечно, есть серьезные недостатки характера, как, впрочем, у каждого народа. Но и доставалось ему круче многих. В XVI веке нам не были свойственны покорность, равнодушие, неспособность себя защитить. В Смутное время, лишенный царей и бояр, народ сам поднялся, сам себя спас от хаоса, от иностранных нашествий и установил государство. Но затем веками российские правители нерасчетливо расходовали силы народа. Это сказалось на народном характере, который у всех народов меняется от изменения жизни, от эпохи. Затем большевизм разрушительно действовал на нас. Сейчас народ тоже оглушили и обманули наплывом разнузданности, воровства, стяжательства — психическое состояние народа сейчас тяжелое.

АЛЕКСАНДР ЛЕВЕНБУК (художественный руководитель Московского еврейского театра «Шалом»):

— Я люблю русский народ, российский характер. Но есть одно качество, которое мне категорически не нравится. Именно о нем я хочу сказать, даже рискуя вызвать у кого-то обиду. Отсутствие патриотизма. Не только высокого, но и на бытовом уровне. Неумение гордиться своими достижениями. Нежелание восхищаться «своими». И даже более того — стремление к низвержению. С каким удовольствием газеты смакуют всякие скандалы, пересказывают гадости об известных людях. Даже придумывают эти гадости для поддержания интереса к своему изданию — честно не умеют привлечь читателя. К моему большому сожалению, мы не умеем гордиться тем, что у нас есть.

(По материалам журнала «Столица», №35, 1995 г.)

2.4.б В заголовках московских рекламных газет «Центр плюс» и «Экстра-М» эти местоимения встречаются очень часто. Вы увидите, как они выглядят, если заполните пропуски соответствующими местоимениями: сам, себя, свой, своя, свое, свои. (Wade, §117, 120, 131)

1. Путешествовать без жены _____ дороже.
2. Травматизм детей — дело рук _____ детей.
3. От _____ судьбы не уйдешь.
4. Постоять за _____ будущее.
5. _____ _____ не наказывай!

6. Можете не беспокоиться за _____ зубы!
7. Все получится само _____.

2.5.а Прочитайте текст и выберите из него существительные, которые употребляются только в единственном числе. Что обозначают эти существительные?

2.5.б Выберите существительные, которые употребляются в единственном числе только в определенных контекстах.

2.5.в Переведите текст на английский язык.

ПОЧЕМУ В РОССИИ НЕ ЛЮБЯТ БОГАТЫХ

И в самом деле — почему? В какой-то мере ответ дает опрос, проведенный Всероссийским центром изучения общественного мнения. Оказывается, россиянам не нравится не богатство как таковое, а путь, который к нему приводит. Большинство россиян не связывает богатство ни с трудолюбием, ни с талантом, ни с образованностью. Достичь его, по мнению опрошенных, можно лишь в том случае, если у вас есть связи, если вы ведете нечестную игру и если вам повезло. Из других причин, ведущих к богатству, на первом месте представлены нечестные способы обогащения, затем — везение и только на четвертом месте — предприимчивость.

Интересно выглядит портрет западного и отечественного бизнесмена, созданный на основе данных опроса. Отечественный бизнесмен — это просто разбойник с большой дороги.

Вот какие качества, оказывается, присущи бизнесменам западным:

52%	деловая хватка
52%	высокий профессионализм
37%	трудолюбие
37%	рационализм
26%	честность, порядочность
25%	инициативность, настойчивость
19%	высокий уровень культуры
11%	жажда наживы
7%	склонность к благотворительности
3%	склонность к жульничеству
3%	авантюризм
2%	нежелание честно трудиться
2%	неразборчивость в средствах достижения цели
1%	низкий уровень культуры, непрофессионализм, некомпетентность

Вот какие качества присущи бизнесменам отечественным:

58%	жажда наживы
40%	склонность к жульничеству
31%	нежелание честно трудиться
23%	деловая хватка
22%	неразборчивость в средствах достижения цели
18%	низкий уровень культуры
16%	авантюризм
13%	некомпетентность, непрофессионализм
12%	инициативность, настойчивость
11%	трудолюбие
9%	рационализм
6%	честность, порядочность
4%	высокий профессионализм
3%	склонность к благотворительности
2%	высокий уровень культуры

Очевидно, что пока российские бизнесмены и миллионеры не сумеют объяснить своим согражданам, как можно заработать огромные состояния честным путем, те не будут питать к ним ни любви, ни симпатии.

(По материалам газеты «Известия», 1993 г.)

2.6.а Познакомьтесь еще с одной чертой русского человека, которую можно сформулировать так: «Любят русские поесть».

Прочтите, что об этом говорят сами русские:

... Хоть на редком столе найдешь сейчас такие разносолы, которые едали наши деды, от привычки есть много мы до сих пор не избавились. И по-прежнему хлеб, мучное, сладкое и, конечно, много, очень много крепкого.

Хорошо это или плохо? При холодных российских зимах человек теряет очень много энергии, поэтому большое количество жиров абсолютно необходимо. Так считает директор Всероссийского центра усовершенствования человека А. Андреенков.

Что касается обилия, то в нас веками закреплялась генетическая необходимость есть много, в результате малое количество пищи действует на психику очень неблагоприятно и может привести к серьезному заболеванию, не говоря уже об обыкновенном неврозе. Поэтому еда вообще, а уж тем более диеты типа одного помидора утром, одной морковки вечером нам не подходят. Пища должна быть объемная, и если вы и решили похудеть, то и диетического питания должно быть много: большое количество клетчатки, травы, воды — всего того, что наполняет желудок и вызывает обманчивое ощущение сытости.

(По материалам еженедельника «Аргументы и Факты», апрель 1995 г.)

2.6.б **Обратите внимание на употребление существительных. Выпишите в три колонки существительные, употребляющиеся: только в единственном числе; только во множественном числе; и субстантивированные прилагательные.**

2.6.в **Продолжайте все три колонки. Сколько еще существительных данных категорий вы вспомните и запишите за 5 минут? Что обозначают субстантивированные прилагательные?**

2.7 **Внимание! Это упражнение следует выполнять после прослушивания записи текста «Коктейль сладостной жизни».**

Еще раз прослушайте текст и выпишите все существительные с уменьшительными суффиксами и запишите их в колонку 1, в колонку 2 запишите все прилагательные с уменьшительными суффиксами, в третью — остальные части речи с уменьшительными суффиксами. Объясните употребление уменьшительных суффиксов.

3 ОБСУЖДАЕМ ПРОБЛЕМУ, ОБМЕНИВАЕМСЯ МНЕНИЯМИ, ВЫСКАЗЫВАЕМ СВОЮ ТОЧКУ ЗРЕНИЯ, ПРОСТО ГОВОРИМ...

3.1 **Проверьте свою память. Просмотрите еще раз текст упражнения 2.5 «Почему в России не любят богатых?» Отложите текст и ответьте на вопросы:**

Сколько процентов опрошенных считают, что российским бизнесменам присущи:

— трудолюбие?
— честность и порядочность?
— высокий профессионализм?
— высокий уровень культуры?
— нежелание честно трудиться?
— авантюризм?

Какое, на ваш взгляд, может быть будущее у российского бизнеса, если такое мнение в обществе сохранится в тех же пропорциях?

3.2 Вернитесь еще раз к размышлениям этносоциолога о русском национальном характере. Перечитайте текст и постарайтесь ответить на следующие вопросы:

1. Чем объясняется различие между рыночными системами разных стран?
2. Чем характеризуется русская национальная культура?
3. Каково взаимоотношение рынка и культуры?
4. Какие черты русского национального характера могут способствовать успешному бизнесу? При каких условиях?
5. Чем часто объясняются самоубийства процветающих бизнесменов?
6. Разделяете ли вы точку зрения, что человек не должен стремиться к богатству, если он не имеет высоких целей, на которые он может его употребить?
7. Как вы понимаете последнюю заключительную фразу статьи? (Статья была написана в 1993 году.)
8. Подтвердилось ли предположение автора о будущем России?

3.3.а Также откровенно, с известной долей иронии говорят русские еще об одном своем пристрастии:

Мужик с перепою на улице упал в обморок. Вокруг собралась толпа.

— Дайте бедняжке скорее чего-нибудь выпить! — говорит одна сердобольная женщина.

— Нет, расстегните ему ворот! — говорит другая.

— Давайте вызовем врача! — предложил еще кто-то. — Нужно его отправить в больницу!

Тут мужик приоткрывает один глаз и тихо, но внятно, говорит:

— Вы все замолчите, слушайте, что говорит эта тетка насчет выпивки!

3.3.б Муж с ободранной физиономией под утро возвращается домой:

— Понимаешь, вчера немного выпили с мужиками, пошел я домой... Вдруг вижу, земля поднимается... Все выше и выше... и вдруг — бац мне по лбу. Так до утра и простоял...

Это жанр анекдота. Анекдоты очень популярны в России. Знаете ли вы какие-либо анекдоты о пьянстве? Расскажите их.

3.4 Сейчас, когда железный занавес больше не существует, русские получили возможность увидеть мир, а мир — увидеть русских. Хотите верьте, хотите не верьте, но в одном из университетов Канады, ожидая приезда российских ученых, распространили следующую памятку:

«Вам предстоит встретить российских гостей. Поскольку они будут жить в ваших семьях, советуем обратить внимание на следующее:

— русские не принимают душ каждый день, они моются в ванне раз в неделю;

— многие русские средних лет уверены, что жевательная резинка отрицательно действует на желудок;

— курение для русских — символ благосостояния и женской эмансипации;

— русские относятся к своим политикам как к членам семьи и часто не способны спокойно обсуждать политические проблемы;

— каждый из них знает рецепт выхода из экономического кризиса;

— завтрак для русских — то же, что для нас ужин, и если вы предложите им на завтрак соки и йогурт, они очень обидятся;

— поход в ресторан для них связан не с приемом пищи, а с повышением своего социального статуса;

— не предлагайте им спеть своих национальных песен — в основном они этого не умеют;

— не удивляйтесь, если они в лоб спросят, сколько вы получаете, в России это принято;

— если вы предложите им что-либо в подарок, они скорее всего откажутся, так как все время мысленно переводят доллары в рубли и им кажется, что это очень дорого стоит».

(По материалам газеты «Центр плюс», январь 1995 г.).

Расскажите:

1. Есть ли у вас какой-либо опыт общения с русскими?
2. Согласны ли вы с канадцами в оценке русских
   — полностью?
   — частично?
   — не согласны совсем?

Почему?

3.5.а По-видимому, у вас было свое представление о русских, о русском характере. Изменилось ли оно сейчас, после изучения этого урока?

3.5.б Как по-вашему, существует ли действительно такое явление как, национальный характер? Если да, то когда он проявляется и в чем выражается?

4 СЛУШАЕМ, ГОВОРИМ...

4.1 Прослушайте текст один раз. Затем, слушая запись интервью во второй раз, делайте соответствующие пометки. Используйте их, чтобы рассказать о том:

а) что случилось с Борисом Владимировичем Ивановым во время войны;
б) имеет ли он хобби;
в) есть ли у него чувство юмора;
г) имеет ли он цель в жизни;
д) счастливый ли он человек.

Считаете ли вы Бориса Владимировича Иванова «типичным» русским и почему? Как бы вы озаглавили этот текст? (Его оригинальное название — «Коктейль сладостной жизни».)

КОКТЕЙЛЬ СЛАДОСТНОЙ ЖИЗНИ
(Текст для прослушивания)

Борис Владимирович Иванов — замечательный артист из театра им. Моссовета. Вот что рассказывает он корреспонденту газеты «Московский Комсомолец» (11 февраля 1995 г.):

— Моя жизнь делится на две жизни. Одна — от рождения до 8 апреля, когда я был убит под Старой Руссой. Другая — после 8 апреля 42-го года до сегодняшнего дня. Всем курсом мы ушли на фронт. Я воевал, был в окружении. Убитым я себя считаю потому, что нашли меня через несколько дней (сколько пролежал — не помню), истекшим кровью, с ранениями. Попал в госпиталь. Там начался сепсис, и хирург решил ампутировать мне руку.

— Кто по профессии? — спросил он.
— Артист. (Я закончил Одесское театральное училище 21 июня 1941 года.)
— Ну, значит, будешь бухгалтером.
— Я не буду бухгалтером.
— Тогда умрёшь.
— Ну, значит, умру.
— Дурак ты, говорить мне с тобой нечего.

А что значит «ампутация»? Я ведь в Одессе учился у Петра Столярского по классу виолончели (у меня абсолютный слух). В общем, привезли меня в госпиталь в Бежецк. Хирург, женщина, сказала: «Мы должны поднимать Вам руку. Насколько она поднимется, настолько и в жизни будет держаться. Мы будем стараться поднять ее как можно выше, а это безумно больно. Так что не бойтесь, кричите». А ей ассистировала миленькая, очаровательная сестричка.

— Что вы, не закричу, — сказал я, глядя на сестричку.
— Да закричите.
— Пари держу, что не закричу.
— А на что будем спорить?
— А на тарелку супа. (Я есть всегда хотел.)

Начали поднимать руку. Левая рука поднялась до уровня подбородка, и тут я потерял сознание. Но суп я, естественно, выиграл.

— Искалеченная рука — это все-таки трагедия для актера. Конечно, трагедия, но... — говорю я, — жить еще слаще. Самое главное — я патологически независтлив. Я спокойно переношу радости посторонних и близких мне людей. Радость. Успех. Деньги. Чему я могу завидовать, если я должен был уже 53 года в могиле лежать? Я не потерял интереса к жизни.

— В чем же сладость жизни, Борис Владимирович?

— Вот солнечный день сегодня. А вчера был ужасный. Но зато я Глюка слушал. Для меня музыка, как для Глинки, — душа моя. Я всю жизнь с ней живу: и в автомобиле, и дома. Классическую музыку люблю. А еще — антиквариат. Это было когда-то мое хобби. Отлично знаю фарфор, стекло, живопись. У меня есть картины хорошие. Начиная с 42-го года я прожил по принципу «хочу все знать». Пойдемте ко мне домой, я накормлю вас кулебякой с капустой, вчера испек. Я люблю делать все сам.

Когда я ухаживал за своей женой, мы ходили с ней в коктейль-холл, что напротив телеграфа. Она, бедняжка, болела 22 года, и 3 года я ходил* за ней. Оля моя не дожила год и три месяца до нашей золотой свадьбы... Ну все, хватит об этом... (*длинная пауза*)

Так вот, я завел дома правило с каждой получки покупать бутылочку. Мы бедно жили, но я собрал бар. И собрал коллекцию рецептов и коллекцию вин. У меня сейчас около 500 рецептов коктейлей.

— Жизнь богемы — коктейли, антиквариат...

— А машины, а самолеты? Я обожаю летать и видеть небо.

— Есть самолет?

— Кто сказал, что нет? Есть у меня маленький пятиместный самолетик. Собственный, купленный как машина. Только дорого сейчас платить за аренду.

— Э? Разыгрываете опять?

— Ну, конечно. Машины стал немножко раздавать (*смеется*). Серьезно — я 40 лет вожу машину. Я обожаю, знаете ли, расстелить газетку, разложить инструменты, подлезть под нее. Я машинами пользуюсь долго, они у меня по 10-12 лет. Мою машину всегда легко отличить — она ухоженная, и двери хлопают без шума. Люблю, чтобы все было красиво.

— А никогда не испытывали искушения уйти из театра, поискать счастья на стороне?

— Никогда. В классическом смысле слова, я — консерватор. В том смысле, что надо обживать одно место — театр. Не потому, что мне это выгодно: жизнь не бог весть какая сладкая была. У меня задачи другие. Я занят тем, что хочу быть хорошим артистом. Хочу быть тем инструментом Страдивари, на котором все можно сыграть. Я должен все суметь сыграть хорошо.

Дома у Бориса Владимировича были кулебяка, куриные котлеты, жареная картошка с хрустящей корочкой, марочный коньяк и бесконечные истории, истории, истории...

— В своей жизни я сделал две вещи, за которые не стыдно. На фронт добровольно пошел. И с женой своей, Олей, был до конца...

А если будете в Эрмитаже, найдите картину «Мадонна Литта» и тихо передайте от меня привет. Так и скажите: «Борис Владимирович велел кланяться». Так много лет я делал по просьбе одной старой актрисы.

* ходить за кем-нибудь — ухаживать за тяжелобольным человеком

УРОК 2

Женщины России

1 ЧИТАЕМ И РАСШИРЯЕМ СВОЙ СЛОВАРНЫЙ ЗАПАС

1.1 Эти слова и словосочетания могут понадобиться вам для обсуждения данной темы:

женщина: (не)обыкновенная/современная/деловая/эмансипированная/ любимая женщина; женщина нового типа; женщина-мать; женщина-космонавт; женщина-политик; мечта каждой женщины

женский: женский вопрос; женское дело; женское начало; женская логика; женская интуиция; международный женский день;

жена: верная/будущая жена; жёны декабристов

вдова: остаться вдовой

ребёнок: родить ребёнка

дети: воспитывать детей; растить детей; кормить детей; возиться с детьми

семья: создавать семью; обеспечивать семью

семейный: семейная жизнь; семейный очаг; семейное положение

замуж: выходить/выйти замуж

домашний: домашнее хозяйство; вести домашнее хозяйство

мыть: мыть посуду; мыть пол(ы)

готовить: готовить пищу; готовить обед

образование: получить образование

работа: домашняя работа; ходить/пойти на работу

работать: начать/пойти работать; работать на фабрике/на заводе/на фирме/в магазине/в больнице/в школе/в банке

деньги: зарабатывать деньги

карьера: (с)делать карьеру

занимать: занимать руководящие должности; занимать высокое положение

заниматься: заниматься домашним хозяйством/детьми/домом/политикой/любовью

человек: любимый человек; встретить любимого человека

любить: любить человека; любить развлечения/красивые вещи; любить свою работу
дарить: дарить подарки; дарить цветы; дарить свою любовь
одеваться: красиво/шикарно одеваться; любить красиво одеваться

1.2 **Женщины России... Какие они? Может, все они необыкновенные, какими воспел их русский поэт Некрасов: «с походкой и взглядом цариц»? И эти «царицы» могут на скаку остановить коня, войти в горящий дом, спасая из огня стариков и детей, и отправиться, оставив роскошь и удобства столичной жизни, за тысячи километров, в холодную пугающую Сибирь вместе с изгнанниками-мужьями — как в свое время жены декабристов.**

А, может, они совсем такие же, как женщины Англии, Франции, Германии или любой другой страны? Вот несколько портретов. Судите сами...

Прочитайте текст 1.

ТЕКСТ 1
ПРИЗЕМЛЕННАЯ ЧАЙКА

Валентина Терешкова... Эту женщину знают во всем мире. И не только по имени. Многие называют ее «Чайка», как звалась она тогда, в далеком 1963 г. Валентина Терешкова — первая в мире женщина-космонавт.

С той поры прошло тридцать лет. А она и сейчас живет в Звездном — городке космонавтов. Полковник Военно-Воздушных Сил, член первого отряда космонавтов, Валентина Владимировна работает сейчас в Российском агентстве международного сотрудничества. Такой вот поворот судьбы...

О своей юности она рассказывает:

— В детстве я убегала из дома и целыми часами смотрела на идущие мимо поезда. Казалось, они уходят куда-то в несбыточную мечту. Окончив семь классов, решила поступать в железнодорожное училище в Ленинграде. А мама не отпустила. Она осталась вдовой в двадцать шесть лет, папа погиб на финской войне. Расстаться с дочерью было для нее трагедией. Тогда я пошла работать на ткацкий комбинат в своем родном Ярославле. Вечерами училась. А еще был аэроклуб. Шагнуть из самолета в небо — это уже за пределами мечты... А потом позвали в Москву.

— Как же мама отпустила Вас?

— Она не знала, зачем я еду. Узнала обо всем, когда соседи прибежали, крича: «Елена, что сидишь?! Валентина — в космосе!»

— А когда прилетели в Москву, — продолжает Валентина Владимировна, — и докладывали с Быковским о полете, в толпе встречающих я увидела маму. Стоит и приговаривает: «Обманула меня, обманула...»

Уже шестой год нет мамы, ее самого верного друга.

В 1987 году, спустя 25 лет после создания группы женщин-космонавтов, мир узнал их имена. Их было пятеро. Два года сложнейших тренировок, напряженной учебы. Кто будет первым? Валентина узнала, что полетит именно она, уже на космодроме.

Сегодня многие спорят о том, чего больше было в ее полете: науки или политики?

— Я никогда не соглашусь с тем, что полет первой советской женщины был только пропагандистской акцией, — говорит Терешкова. — Нас готовили по полной программе. Рабочий день в Центре подготовки космонавтов начинался в 9 часов утра. В 6 часов вечера он кончался, но мы продолжали работать. Времени оставалось только на сон и на физическую подготовку. 14-15 часов работы ежедневно. Специалисты из академических институтов читали нам лекции. За нашей подготовкой внимательно следил сам Главный конструктор — Королев. Его похвала была большой наградой.

За тридцать последних лет жизни Валентина Терешкова обросла легендами, домыслами и слухами. Потому что — первая. Потому что — женщина.

Да, она — такая же женщина, как и все. А женщине надлежит быть матерью. И она воспитала дочь. Из крохи, которая на вопрос друзей: «Леночка, кем работает твоя мама?» — отвечала: «Мамой» — вырос самостоятельный человек. Елена окончила Первый медицинский институт, стала хирургом. И не потому, что муж Валентины Владимировны — признанный авторитет в области медицины, член-корреспондент АМН России. Просто с детства она решила стать хирургом. А верность мечте, видимо, унаследовала от матери. Недавно Елена вышла замуж. Валентина Владимировна беспокоится: как сложится у дочери жизнь?

Заботит ее и многое другое:

— Свою историю мы каждый раз пытаемся переписывать. А она потому и есть история, что ее переписать нельзя. Не могу согласиться с теми, кто оплевывает наше прошлое. Да, было тяжело. Особенно тем, кто вырос после войны без отца. Мы, действительно, трудно и бедно жили. За нами не стояли ни папы, ни мамы, как это потом повелось. Все сами... Мы были бедные, но сильные духом. А сейчас меня больше всего тревожит бездуховность нашей жизни. По телевизору выступают иностранные проповедники. А где наша православная церковь? Разве ей нечего сказать? Уже и не помню, когда последний раз слушала по телевидению оперу. Забыты Чайковский, Глинка, Мусоргский. Не звучит наша поэзия...

Валентина Терешкова сейчас далека от космонавтики, но тоскует по своей первой профессии и абсолютно убеждена, что космические исследования необходимо продолжать. Ведь космонавтика, по ее мнению, — это мощный двигатель науки и техники. Прекратив ею заниматься, страна безнадежно отстанет.

1.3 Ударение представляет особую трудность в русском языке, но если вы будете практиковаться в нем, это поможет вам лучше запомнить, как надо произносить слова правильно. Поставьте ударения в следующих предложениях:

1. Валентина Терешкова была первой в мире женщиной-космонавтом.
2. Сейчас они живут в городке недалеко от Москвы.
3. Она работает в Российском агентстве международного сотрудничества.
4. В детстве мы убегали из дома и целыми часами смотрели на идущие мимо поезда.
5. Окончив семь классов, Валентина решила поступать в железнодорожное училище в Ленинграде, но мама ее не отпустила.
6. Поэтому она пошла работать на фабрику в своем родном Ярославле.
7. Мама не знала, зачем она едет в Москву, и узнала обо всем, только когда соседи прибежали и сказали ей, что дочка в космосе.
8. Уже шестой год нет мамы, ее самого верного друга.
9. Сегодня многие спорят о том, чего больше было в ее полете: науки или политики?
10. Терешкова никогда не согласится с тем, что полет первой советской женщины был только пропагандистской акцией.

1.4 Расскажите о себе. Используйте следующие слова и словосочетания, поставив их в нужную видо-временную форму:

Родиться в 19.. году; в детстве; ходить в школу; окончить школу; поступать в колледж/университет; родной город; учиться; пойти работать; заниматься; специалист(ы); читать лекции; работать в области...; стать врачом/инженером/бизнесменом; выйти замуж/жениться.

1.5 В приведенном ниже тексте дан портрет женщины нового типа, женщины-политика. Прочтите его и выполните задание, данное после текста.

ТЕКСТ 2

Когда речь заходит о женщинах в политике, в памяти возникают каменные лица рабочих и колхозниц, аплодирующих на партийных съездах. Однако времена меняются. Женщины нового типа стали появляться на экранах телевизоров. Ирина Хакамада — экономист, деловая женщина. Она молода и эффектна, что не мешает ей занимать руководящие должности в политических организациях.

Она искренне убеждена, что политика — такое же женское дело, как и все остальное, так как женское и мужское начала присутствуют во всем. Женщина более прагматична и разумна благодаря своему психологическому складу. Присутствие женской логики привносит гармонию. Нынешняя политика дисгармонична, потому что ей не хватает женского начала, женской интуиции. Она страшно занята, но в воскресенье пытается выкроить хоть какое-то время на домашние дела. Вести домашнее хозяйство ей вряд ли удается, скорее она его поддерживает.

Ирина вполне счастлива в семейной жизни. — С моим третьим мужем мне повезло —, говорит она. — Мы с ним единомышленники. Дети? Да, есть. Приемный сын девятнадцати лет и свой, пятнадцатилетний. С сыновьями отношения дружеские, они уважают то, чем занимается их мать, хотя и страдают от ее частого отсутствия дома. Ее судьба одновременно и ординарна, и необычна. Отец — японец, эмигрант. Со своей будущей женой познакомился в Хабаровске. Поженившись, они переехали в Москву, где Ирина и родилась. Она росла закомплексованным, замкнутым, молчаливым ребенком. Заметно отличалась от своих товарищей цветом кожи, разрезом глаз, и дети постоянно дразнили ее за это. В семье не было бабушки — в 30 лет она покончила с собой, дед умер в сталинских лагерях. Родители уделяли девочке мало времени, она всегда была дома одна. К пятнадцати годам Ирина поняла, что все в жизни зависит от нее самой. В 1984 году она закончила экономический факультет МГУ и защитила диплом. Сделала карьеру, став доцентом, зам. заведующего кафедрой. Но к тридцати годам пришла к заключению, что абсолютно не реализовала себя. Тогда она создала кооператив, где смогла зарабатывать деньги. Нет, она не богата, если сравнивать ее уровень жизни с уровнем жизни обеспеченных слоев общества на Западе. Но здесь ее доходы позволяют ей иметь все необходимое.

В тексте 2 вам дан портрет женщины «нового типа». Разделите тетрадный лист на три части, выберите из текста те предложения, которые дают фактический материал (объективную информацию) об Ирине и запишите в первую колонку.

Вторую колонку заполните предложениями, которые выражают субъективные мнения Ирины, ее точку зрения на вопросы. Начинайте словами:

    Она считает, что...
    Она полагает, что...
    Она убеждена, что...
    Она думает, что...
    По ее мнению, ...

В третью колонку внесите все, что вы узнали о ее семейной жизни.

1.6 Составьте подробный портрет любого другого политического или общественного деятеля, включив информацию по трем вышеназванным аспектам: объективную, субъективную и факты из личной жизни.

1.7 Познакомьтесь с интересными фактами о положении женщины в России, которые дает статистика:

Статистика свидетельствует, что с 1980 года у женщины стало в 1,5 раз меньше свободного времени. На работу женщины тратят в среднем всего на 40 минут меньше, чем мужчины. А мужчины на те же 40 минут больше спят, едят и ухаживают за собой.

Если же считать и домашнюю работу работой, то женщины занимаются ею в 3 раза больше, чем мужчины. В будни — примерно 3,5 часа. По выходным, удовлетворяя свою потребность в труде — 7 часов.

Среди чисто «женских» воскресных «хобби» первое место занимают приготовление пищи и мытье посуды (2 часа 20 минут), на втором месте — стирка (1,5 часа). Дальше — магазины (1 час), уборка (55 минут) и дети (23 минуты).

Время, которое можно было бы посвятить детям, катастрофически сокращается. За последние 5 лет — на одну треть. Парадоксально, но в воскресные дни на детей остается меньше времени, чем в рабочие. Кстати, у пап точно так же не хватает времени, как и у мам: мамы возятся с детьми всего на 6 минут больше.

Свободного времени у женщин в среднем в 2 раза меньше, чем у мужчин. На телевизор приходится 51 минута, прогулки и занятия спортом — 5 минут. 14 минут, по статистике, женщины уделяют чтению, а на театры, кино и прочие развлечения остается 4 минуты.

1.8 Запомните выражения, которые могут пригодиться вам в различных ситуациях, особенно при сравнении:

    В два (три, четыре) раза больше/меньше
    В пять (шесть, семь... двадцать один) раз больше/меньше

На пять (шесть... двадцать) минут больше/меньше

На две (три, четыре) минуты больше/меньше

На два (три, четыре) часа больше/меньше

На пять (шесть... двадцать) часов больше/меньше

(По)тратить несколько (пять, шесть... двадцать) часов/минут на...

Занимать много времени

Отдавать (спорту, музыке, семье) все свободное время

Заниматься домашней работой

Первое место занимают/занимает...

На втором месте...

Посвящать/уделять время семье (музыке, спорту)

По статистике...

2 ПИШЕМ, ИЗУЧАЕМ ГРАММАТИКУ

2.1 Вставьте пропущенные предлоги. (Wade, §402)

1. Этого человека знают ... всем мире.
2. Он никогда не рассказывает ... своем прошлом.
3. В прошлый раз лекцию читал специалист ... министерства образования.
4. Он специалист ... области медицины.
5. Наташа окончила школу ... прошлом году и сразу поступила ... университет.
6. Занятия ... Московском университете начинаются ... 9 часов утра и заканчиваются ... 5 часов вечера.
7. ... войне погибло более 20 миллионов человек.
8. ... двадцать лет она вышла замуж ... хорошего человека.
9. Ее брат женился... сестре ее мужа.
10. ... России сейчас все спорят ... политике.
11. Она ... детства мечтала стать балериной.

2.2 Употребите правильную форму глагола, данного в скобках. (Wade, §212–34)

1. Сегодня эту женщину (знать) во всем мире.
2. Многие (называть) ее «Чайка».
3. С той поры (пройти) тридцать лет.
4. Валентина Владимировна и сейчас (жить и работать) в Звездном.
5. Сейчас она редко (рассказывать) о своей юности.
6. Окончив школу, она (решить) поступать в железнодорожное училище.
7. Мать Валентины (остаться) вдовой в двадцать шесть лет.
8. Отец Валентины (погибнуть) на финской войне.
9. Когда она была молодая, она (работать) днем, а вечерами (учиться).

10. Мама узнала обо всем, когда соседи (прибежать), крича: «Елена, что (сидеть)?! Валентина (быть) в космосе!»
11. Сегодня многие (спорить) о том, чего больше тогда (быть) в ее полете: науки или политики?
12. Сейчас рабочий день на ткацком комбинате (начинаться) в 8 часов утра и (кончаться) в 6 часов вечера.
13. Завтра специалист из академического института (читать) нам лекцию.
14. Сейчас она (воспитывать) дочь.
15. Когда (спрашивать): «Леночка, кем (работать) твоя мама?», Лена всегда (отвечать): «Мамой».
16. Несколько лет назад Иван (окончить) институт и (стать) хирургом.
17. С детства он (решить стать) врачом.
18. Недавно Елена (выйти) замуж, а Борис (жениться).
19. Послезавтра Иван (жениться) на Наташе и Наташа (выходить) замуж за Ивана.
20. Сейчас он очень богатый. Он (жениться) на деньгах.
21. Она очень бедная. Она (выходить) замуж по любви.
22. Сейчас Валентину (тревожить) бездуховность жизни в России.
23. По телевидению в России (выступать) много иностранцев.
24. Он сейчас уже и не (помнить), когда последний раз (слушать) по радио Чайковского.

2.3 Найдите соответствующие части в секциях А и Б и соедините их, составив законченные предложения:

А
1. На дорогу в университет я трачу всего...
2. Подготовка к экзамену не занимает у него...
3. ... четыре часа больше, чем в прошлом году.
4. В рабочие дни почти совсем не остается...
5. ... первое место.
6. Она тратит на спорт в пять раз...
7. ... раньше, чем в Москве.
8. В последний год он стал уделять дому и семье...

Б
1. ... много времени.
2. ... около тридцати минут.
3. Новый день наступает во Владивостоке почти на семь часов...
4. Среди ее развлечений музыка занимает...
5. Каждую неделю я занимаюсь русским десять часов. Это на...
6. ... времени на развлечения.
7. ... больше времени, чем любой нормальный человек.
8. ... все свое свободное время.

2.4 **Переведите часть текста 2 на английский язык. Начинайте со слов « В 1984 году она закончила ...» и закончите словами «... позволяют ей иметь все необходимое».**

2.5 **Выберите из приведенного ниже отрывка все предложения, которые выражают желание.**

Знаете ли вы, что традиционно праздником женщин в России считается 8 Марта?

Раньше в календарях он отмечался так: «Международный день солидарности женщин». Окружающий мир стремительно меняется. Остаются неизменными мечты женщин. Они по-прежнему солидарны в своих желаниях: слышать счастливое слово «мама», любить и быть любимой, творить, радоваться весне, красиво одеваться, почаще получать в подарок цветы...

Впрочем, о подарке к 8 Марта лучше всего скажут сами женщины. Вот что сказали самые популярные:

Ирина Мирошниченко, актриса, министр культуры:
— 8 Марта — это очень хорошо. Мне, к сожалению, даже некогда подумать о подарке. Ну что я хочу? (*смеется*) Статью о себе в газете.

Елена Кондулайнен, секс-символ:
— Во-первых, место в Думе. Во-вторых, горностаевую шубу «в пол».
В-третьих, островок. Где? Да где-нибудь.

Инна Чурикова, «звезда», не чувствующая себя «звездой»:
— Сначала хотела сказать — книгу. Альбом живописи. А потом подумала: Больше всего хочется туда, где тепло, где море, синее небо. Где можно лежать на песке и ничего не делать. Чтобы толпы не было кругом, суеты.

Ирина Хакамада, бизнесвумен:
— Что бы я хотела получить к 8 Марта? Более спокойную Нижнюю палату! Ха-ха-ха! А вообще, я предлагаю упразднить день 8 Марта, чтобы у мужчин не было повода любить всех женщин только один раз в году, чтобы они любили нас всегда, круглый год. Из подарков я предпочитаю только цветы. В лиловой или желтой гамме.

Мария Арбатова, драматург:
— Я хочу получить 17 тысяч долларов. Вот так. Все остальное у меня есть. А на эти деньги я решу квартирный вопрос. А от Бога хочу получить в подарок много времени для любимого мужа.

Нонна Мордюкова, актриса:
— Что бы я хотела в подарок? А вдруг «Мерседес»? Да нет, шучу... Я хочу швейную машинку. Очень люблю шить. Но машинка так дорого стоит! А вот цветы — это еще реально. Я ландыши люблю — они такие сказочные.

3 ОБСУЖДАЕМ ПРОБЛЕМУ, ОБМЕНИВАЕМСЯ МНЕНИЯМИ, ВЫСКАЗЫВАЕМ СВОЮ ТОЧКУ ЗРЕНИЯ, ПРОСТО ГОВОРИМ...

3.1 **Поняли ли вы текст 1? Ответьте на следующие вопросы:**

1. Какие «царицы» отправились в Сибирь со своими мужьями?
2. Как многие называли Валентину?
3. Где она сейчас живет?
4. Где она работает?
5. Что она любила делать, когда была маленькой?
6. Где она хотела учиться после окончания школы?
7. Почему она туда не поступила?
8. Где она начала работать?
9. Где она тогда жила?
10. Что она делала вечерами после работы?
11. Где еще она занималась?
12. Как звали ее мать?
13. Как мать узнала, что ее дочь — космонавт?
14. Сколько женщин-космонавтов было в первой группе?
15. Где Валентине сказали, что она будет первой женщиной-космонавтом?
16. Считает ли Валентина, что ее полет был только пропагандистской акцией?
17. Кто был Главным конструктором советских космических кораблей в то время?
18. Как зовут дочку Валентины Терешковой?
19. Где училась дочь Терешковой?
20. Кем работает дочь Валентины?
21. В какой области работает муж Валентины Владимировны?
22. Что такое АМН?
23. Почему жизнь Валентины после войны была такой трудной и бедной?
24. Что думает Валентина о космических исследованиях в настоящее время?
25. Хотели бы вы стать космонавтом? (Ведь в космосе тоже говорят по-русски!)

3.2 **Сравните тексты 1 и 2. Что вы можете сказать об этих двух женщинах-политиках? Каким эпохам они принадлежат? Находит ли это отражение в языке, в способе описания, в стиле повествования? Обсудите это в классе.**

3.3 **Как видно из статистических данных, женщины отдают семье все свободное время, они заботятся о мужчинах, думают о них. А мужчины?**

Есть известный анекдот советского времени:

Останавливается на привале взвод солдат. Рядом — куча кирпича. Старшина спрашивает:

— О чем ты, Иванов, думаешь, глядя на эти кирпичи?

— Думаю, что из них можно построить светлое здание коммунизма.

— А ты, Петров?

— О семье. Какой дом можно было бы выстроить!

— А ты, Сидоров?

Тот вздохнул и говорит:

— А я о бабах думаю.

— Почему о бабах?

— А я о них всегда думаю.

Каждый народ имеет свои анекдоты и шутки. Но есть анекдоты интернациональные. Это, видимо, один из них. Можете ли вы вспомнить английский анекдот подобного рода?

3.4 **Вы прочитали о том, что традиционно праздником женщин в России считается 8 Марта.**

Есть ли в вашей стране подобный праздник?

Как он отмечается?

Какие подарки традиционно дарят женщинам в этот день?

Какой подарок хотели бы вы получить/подарить в этот день?

Какие подарки хотели бы получить в этот день известные женщины в России?

3.5 **А вот о чем мечтают никому не известные, старые и молодые. И пишут об этом в газеты, может быть, надеясь, что их услышат. Прочитайте два письма, приведенные ниже. Это письма от женщин разного возраста. Есть ли в них что-нибудь общее? Чем они похожи друг на друга?**

Письмо первое:

Пишет вам пенсионерка, участник Великой Отечественной войны, Чернова Татьяна Михайловна. Женщин-участниц войны осталось мало.

Надо бы вспомнить о них и сделать им подарок в виде прибавки к пенсии в марте месяце хотя бы тысяч по тридцать (это сейчас копейки). Вы можете с этой просьбой обратиться в правительство. Все женщины войны будут вам очень благодарны.

Письмо второе:

Я акушерка. Вчера получила зарплату 24 тысячи. Как мне жить? Медики, которые всегда первые в помощи людям, еле сводят концы с концами. Приходят на прием коммерсанты-спекулянты, издеваются и насмехаются над нами, обзывают «рабами».

Пенсионеры работают, а молодежь — хоть на панель иди. Чтобы устроиться на работу, надо дать взятку 500 тысяч. Где взять такие деньги?

Аня Долгова, г. Коломна
(По материалам газеты «Аргументы и Факты», март 1994 г.)

3.6 Скажите:

О чём свидетельствуют эти письма?

Пишут ли женщины вашей страны в газеты и журналы? И если пишут, то о чём?

Как вы представляете себе жизнь российской женщины теперь, после того, как вы прочитали все тексты этого урока?

3.7 У вас, по-видимому, сложилось какое-то представление о русском женском характере. Назовите хотя бы некоторые черты.

4 СЛУШАЕМ, ГОВОРИМ...

4.1 До того, как прослушать текст, ответьте письменно на следующие вопросы:

1. Как вы думаете, о чём может говорить деловая женщина в России?
2. Чем она может быть довольна и недовольна в жизни?
3. О чём она может мечтать?

Работая в парах, сообщите свои ответы друг другу.

4.2 Теперь прослушайте текст и посмотрите, совпадают ли ваши предположения с тем, о чём действительно говорится в монологе деловой женщины.

4.3 Представьте, что вы рассказываете о Татьяне своим знакомым. Используйте следующие выражения:

в сфере частного бизнеса
заключать сделки
вести беседу
в ответ на шутку
для пользы дела
пускать в ход
иметь с кем-либо дело
хлопотать по хозяйству
ничего не успевать
иметь право (на)
думать про себя
изо дня в день
в зависимости от
свеженький, как огурчик
представители сильного пола
перевести дух

на ладан дышит
венец творения
вкалывать как проклятый (-ая)
в конце концов
надежда и опора

4.4 Обсудите в классе следующие вопросы:

1. Согласны ли вы с автором монолога или нет? В чём и почему?
2. Ваше представление о деловой женщине?
3. Ваше представление об идеальной женщине?
4. А стоит ли вообще стремиться к идеалу? По крайней мере, в данном случае?
5. Дифференцированный вопрос к а) женщинам и б) мужчинам:

А

1. считаете ли вы себя деловой женщиной?
2. хотели бы вы быть деловой женщиной?
3. хотели бы вы быть идеальной женщиной?

Б

1. ваш идеал женщины?
2. ваш идеал жены?
3. хотели бы вы иметь в качестве жены деловую/идеальную женщину?

МОНОЛОГ ДЕЛОВОЙ ЖЕНЩИНЫ

(Текст для прослушивания)

Разрешите представиться. Меня зовут Татьяна, по образованию я экономист. Мне чуть больше тридцати. Живу в подмосковном Пушкине, на работу езжу в Москву. Занята в сфере частного бизнеса, куда не так давно ушла из научно-исследовательского института.

Окружающие считают меня счастливой. У меня есть всё, что может пожелать женщина: семья, чудесная дочь Катя, муж, квартира, любимая работа. Есть деньги, которые, правда, всё трудней зарабатывать.

Я — менеджер одной фирмы, которая образовалась три года назад. Целыми днями я хожу по конторам, заключаю всевозможные сделки, непринужденно веду беседы. Когда требуется — улыбаюсь, кокетничаю или смеюсь в ответ на плоские шутки деловых мужчин. Могу быть и подчеркнуто строгой. Словом, для пользы дела пускаю в ход маленькие женские хитрости. Эти уловки чаще всего действуют безотказно, и в такие минуты я чувствую себя настоящей женщиной — умной, уверенной в себе, удачливой. Тогда мне удается все, даже самые безнадежные сделки. Мои деловые партнеры часто говорят, что им приятно иметь со мной дело.

Но видели бы они меня дома, после рабочего дня с половой тряпкой в руках, над замоченным бельем или на кухне. Хлопочу по хозяйству до поздней ночи и... ничего не успеваю.

Как я завидую мужикам! Придя домой с работы, мужчина имеет как бы свыше дарованное право на отдых. Может сесть в кресло перед телевизором, почитать книгу, послушать музыку...

Так принято. Мужчина традиционно претендует на заботу и внимание, на душевный домашний комфорт. Все это должна обеспечить женщина. А как быть, если она работает ничуть не меньше мужа и получает при этом нередко больше? Кто окажет внимание ей, кто о ней позаботится?

«Подай хлеб. Налей чаю. Пожалуйста, подрежь сыра!» Все это я слышу каждый день. И бегаю туда-сюда, из кухни в комнату, потому что мой муж любит ужинать перед телевизором.

Попутно кормлю ребенка и думаю про себя: «Когда же, наконец, улягутся спать, и я смогу присесть?» И тут же приходят другие мысли: «Не забыть бы постирать Катьке платьице в садик. А остались ли у Бориса чистые рубашки?»

Наевшись, Борька дремлет перед телевизором, Катьку никак не могу загнать в постель. А меня еще ожидает неразобранная документация, которую пришлось взять с работы домой. И так изо дня в день без выходных, потому что в выходные — Большая уборка в квартире или Большая прополка на даче. Это в зависимости от сезона.

Засыпая глубокой ночью возле мирно посапывающего мужа, я вспоминаю свеженьких, как огурчики, хорошо выспавшихся коллег-мужчин, которых я увижу завтра на работе. Какие вы счастливые, мои женатые сотрудники, представители пола, считающего себя сильным! У всех у вас есть заботливые спутницы жизни. А у меня нет жены... Когда утром я встаю чуть свет, чтобы отвести Катьку в садик, и накладываю на свое желтое от недосыпа лицо румяна, я думаю о том, что предстоит сделать за день. Перебираю про себя большие и малые дела, провожу ревизию следующего отрезка своей «деловой» жизни, в которой мне никак не удается перевести дух. Что ж, за это мне платят неплохо. Муж получает намного меньше. Он — представитель науки, которая сейчас на ладан дышит. Кабинетный червь, ненавидящий домашнее хозяйство. Иногда я даже начинаю сомневаться: а смог бы он просуществовать самостоятельно? Однако он из числа тех, кто искренне верит, что мужик — это венец творения и безусловный хозяин в доме.

Мне нравится моя работа. Но ради чего я вкалываю на службе как проклятая? Ради денег? Ради карьеры? А может быть, чтобы уйти (хотя бы на время) от постылого и унизительного быта?

Я считаю себя счастливой женщиной. Мой муж — не грубиян и не пьяница. Он добрый, верный человек. Правда, замученный нынешней жизнью, и поэтому не всегда внимательный. В конце концов, мне не приходится изо дня в день возвращаться в пустую квартиру, как многие мои подруги. Наверное, все хорошо. И все-таки... Не подумайте чего-то, я не мужененавистница и не принадлежу к сексуальным меньшинствам. Но как хотелось бы иметь «надежду и опору», нет, не мужа..., а — жену. Нежную, ласковую, заботливую. Которая встретит тебя на пороге и скажет: «Ты устала, Танька. Сядь, отдохни. Сейчас я принесу тебе ужин.»

(По материалам еженедельника «Сударушка»)

урок 3

Новая жизнь, «новые русские»

1 ЧИТАЕМ И РАСШИРЯЕМ СВОЙ СЛОВАРНЫЙ ЗАПАС

1.1 Эти слова и словосочетания понадобятся вам для обсуждения данной темы. Найдите их значения в словаре.

богатые: богатые в первом поколении
бедные
положение: финансовое положение; финансово-экономическое положение; положение в обществе; положение улучшилось/ухудшилось/осталось без изменения
опрос: социологический опрос; результаты опроса; по данным опроса
бизнес: мелкий/средний/крупный/частный бизнес; заниматься бизнесом
бизнесмен: русский бизнесмен
жизнь: новая жизнь; начинать новую жизнь; добиться многого в жизни; зарабатывать на жизнь
опыт: жизненный/деловой опыт; опыт общения/организаторской работы; недостаток опыта
уверенность: уверенность в себе/в завтрашнем дне
деньги: большие/немалые/шальные деньги; сорить деньгами
миллионер: современный российский миллионер
вклад: вклады в банках
платить/расплачиваться: платить наличными/чеками/кредитными карточками
элита: деловая/политическая элита; элита общества
элитарный: элитарный клуб/салон
престижный

1.2 Прочитайте текст 1.

ТЕКСТ 1

Известно, что доходы самых богатых граждан России почти в 15 раз превышают доходы бедных. Результаты опроса, проведенного Центром социологических исследований

МГУ, показали, что только 3,4% опрошенных ощутили, что финансовое положение их семей существенно улучшилось в результате проводимых реформ. 14% отметили некоторое улучшение, 24% заявили, что финансово-экономическое положение их семей осталось без изменения. А 54% заявили, что положение их семей ухудшилось, причем существенно.

(«Биржевые ведомости», февраль 1995 г.)

Итак, два полюса. На одном из них — так называемые «новые русские». Они бросаются в глаза и раздражают. Всем своим видом и образом жизни: дорогим «Мерседесом», малиновым пиджаком, часами «Ролекс», радиотелефоном в кармане. И еще своим возрастом: ведь совсем мальчишки, а ворочают миллионами.

Современные российские миллионеры делятся примерно поровну на две возрастные группы — до 35 лет и старше 55 лет. Почему это так — очевидно: это ведь начало. В среднем возрасте труднее начать новую жизнь. Уже нет энергии молодости, оптимизма и готовности рисковать. В 35 лет больше энтузиазма, зато в 55 — больше связей.

Но в глаза бросаются именно молодые. Во-первых, непривычно, что богатые и независимые могут быть молодыми, поскольку реально в советской действительности человек мог «состояться» не раньше сорока — и это было нормально. Во-вторых, россиянам «роднее» образ солидного человека, «у которого все есть». Он все равно не будет выделяться. Это так и было. А эти выделяются, да еще как! Откуда они взялись?

Ядро российских молодых бизнесменов составляют бывшие комсомольские работники. Свой деловой опыт, приобретенный в студенческих стройотрядах* (там и с работодателями торговались, и людьми управляли, и с местными властями умели общий язык найти, и со шпаной местной договориться), многие потом закрепили в центрах научно-технического творчества молодежи. Были такие под эгидой комсомола, с той или иной долей хозяйственной самостоятельности. Именно в таком центре заработал свой первый миллион М. Ходорковский («Менатеп»).** Всю жизнь студенты были вынуждены искать приработок к стипендии — кто дачи строил, кто календари в переходах продавал. После вуза, особенно технического, перспектив большой зарплаты не было. Через свою бывшую «халтуру» многие уходили в теневую экономику. Когда мелкий и средний бизнес был легализован, они имели практически все необходимое: опыт управления и организации, знание законов рынка и т.д. Да и сегодняшние студенты, в принципе, все те же, зарабатывающие себе на жизнь «челночными» шоп-турами.

Что касается понятий культуры, морали, нравственности, то сегодня более популярна идея, что деньги, если их много, дают практически все.

Да, деньги дали «новым русским» уверенность в себе. И теперь она захлестывает все остальное: «Я могу себе позволить делать так, как хочу. Я сам диктую правила, я уже добился в жизни столько, что могу себе позволить плевать на ваши приличия и условности». Плюют порой демонстративно и сознательно, но чаще, даже не подозревая, что так не принято. Так, на недавней встрече в Давосе, где собирается политическая и деловая элита мира, именно русские бизнесмены закатывали пышные обеды с бесконечной водкой, гигантскими тарелками икры, цыганами и битьем хрусталя. При ведении разговора, в том числе переговоров, русский бизнесмен не умеет слушать, перебивает партнера, старается больше говорить сам. Наряду со всякими другими причинами это, скорее всего, объясняется недостатком опыта политического и делового общения, характерного для нашего общества в целом. Советского человека заставляли либо заучивать и повторять то, что было позволено говорить другим (классникам, руководителям, старшим...), либо молчать. Теперь этот человек получил возможность говорить самостоятельно. А вот этого-то он, как правило, не умеет. Исключение здесь составляют — опять-таки! — только бывшие комсомольские и партийные работники: у них есть опыт общения, опыт организаторской работы и т.д.

Можно смеяться, возмущаться, негодовать по этому поводу. Но наши «новые русские» — всего лишь часть нашего общества, нашей экономики, нашей политики, нашей культуры, нашей морали. Они родились в российском обществе, и именно они поведут его дальше. Они богатые в первом поколении. Культурные — тоже...

(По материалам еженедельника «Аргументы и Факты», №7, 1995 г.)

*   Стройотряд — сокращение от строительный отряд. Студенческие строительные отряды организовывались в советское время под эгидой комсомола для работы во время летних каникул. Служили двойной цели: быстро построить какие-то объекты (чаще всего технические постройки для нужд сельского хозяйства) и дать возможность студентам заработать немного денег. Были очень популярны в 70-80-х годах.

** Менатеп — одно из первых акционерных обществ в постсоветской России.

1.3 Обратите внимание на следующие слова и словосочетания. Некоторые из них можно отнести к идиоматике, к разговорной лексике и даже к жаргону:

бросаться в глаза: выделяться, сразу же привлекать внимание
ворочать миллионами: распоряжаться большими деньгами
шпана: хулиганы, жулики
приработок: дополнительный заработок к основной зарплате
халтура: работа, выполняемая в свободное от основной работы время с целью
  получения дополнительного заработка

челночные шоп-туры: регулярные поездки с целью доставки на рынок товаров, закупленных в других странах по более низким ценам («челноки» — люди, ездящие туда-сюда с этой целью)

плевать на: совершенно не считаться с чем-либо; относиться с презрением или безразличием

закатывать пышные обеды: устраивать обеды, стоящие огромных денег

находить общий язык: достигать взаимопонимания, согласия

торговаться: стараться получить самые выгодные для себя условия при покупке

сорить деньгами: тратить большие деньги, не задумываясь, безрассудно

ставить в тупик: ставить в трудное или безвыходное положение

видавший виды: испытавший очень многое в жизни, прошедший через многочисленные испытания

расхватывать(ся) как горячие пирожки: пользоваться огромным спросом, продаваться очень быстро

позарез хочется: очень сильно хочется

мент *(жарг.)* : милиционер

гаишник *(жарг.)* : сотрудник дорожной полиции ГАИ (Государственная автоинспекция)

«дворники»: устройство для очистки ветрового стекла автомобиля

1.4 Образуйте существительные от следующих глаголов:

улучшать
ухудшать
раздражать
делить
приобретать
управлять
позволять
начинать
рисковать
торговать
зарабатывать
продавать
плевать
молчать

2 ПИШЕМ, ИЗУЧАЕМ ГРАММАТИКУ

2.1 **Заполните пропуски, поставив глагол в скобках в настоящем времени. Затем измените предложения, употребив вместо глаголов, обозначающих возможность совершения действия, глаголы долженствования. Измените время на прошедшее, а затем на будущее.**

1. Я _____ (мочь) зайти к тебе после занятий.
2. Он _____ (мочь) быстро найти общий язык даже с самыми некоммуникабельными людьми.
3. Мои друзья _____ (мочь) заработать миллион за один день.

2.2 **Выберите из вводной части текста все глаголы. Определите их вид и объясните их употребление.** (Wade, §235–48)

2.3 **Заполните пропуски, употребив глаголы, данные в скобках в соответствующем виде. Определите, в каких случаях допускается употребление обоих видов, а в каких — только одного. Проверьте правильность ваших ответов по тексту.** (Wade, §235–48)

1. Ядро российских молодых бизнесменов _____ (составлять/составить) бывшие комсомольские работники.
2. «Новые русские» _____ (раздражать/раздражить) окружающих своим видом и образом жизни.
3. Свой деловой опыт они _____ (приобретать/приобрести) в студенческих строительных отрядах.
4. Современные российские миллионеры _____ (выделяться/выделиться) своей молодостью.
5. Многие из них впоследствии _____ (уходить/уйти) в теневую экономику.
6. Сегодняшние студенты тоже _____ (зарабатывать/заработать) себе на жизнь челночными шоп-турами.
7. На недавней встрече в Давосе русские бизнесмены _____ (закатывать/закатить) пышные обеды.
8. Советского человека _____ (заставлять/заставить) чаще всего молчать.
9. Теперь он _____ (получать/получить) возможность говорить самостоятельно.

2.4 Придумайте свои предложения со следующими устойчивыми словосочетаниями:

1. положение ухудшилось
   улучшилось
   осталось без изменения
   исключение составляют

2. бросаться в глаза
   делить(ся) поровну
   начинать новую жизнь
   приобретать опыт
   находить общий язык
   зарабатывать на жизнь
   зарабатывать деньги
   добиться многого в жизни
   плевать на условности
   вести разговор
   вести переговоры

3. опыт общения
   опыт организаторской работы
   деловой опыт
   жизненный опыт
   студенческий опыт
   недостаток опыта
   деловое общение

4. уверенность в себе
   уверенность в завтрашнем дне.

2.5 Прочитайте текст 2. Озаглавьте каждый абзац и запишите все заголовки в качестве плана.

ТЕКСТ 2

«Новые русские» ездят за границу. Как прежде российские купчики, сорят деньгами.* В Лондоне их расточительность становится все более заметной и ставит в тупик** даже видавших виды*** британских деловых людей.

Образ теперешней России двоится в представлении британцев. По телевизору они видят бесконечные очереди за продуктами, людей измотанных, изверившихся, озлобленных, у которых незачем спрашивать, как они живут, — все и так ясно с первого взгляда. В самых богатых районах Лондона они видят других русских: нуворишей с шальными деньгами, воротил.

Согласно недавно обнародованной оценке, российские вклады в британских банках составляют более 3 миллиардов фунтов. Только за последние два года русские истратили не менее 50 миллионов фунтов на покупку домов и квартир в самых роскошных местах в центре Лондона. Об автомобилях и говорить не приходится: они расхватываются, как горячие пирожки.**** Покупаются самые дорогие модели фирмы «БМВ» и «Ягуар». Небогато одетые люди являются в ювелирные магазины и требуют жемчужину размером с голубиное яйцо или бриллиантовое колье стоимостью 15 тысяч фунтов. А это годовая зарплата не самых бедных британцев.

Наиболее поражающим воображение местных деловых людей является то, что русские расплачиваются не чеками или кредитными карточками, а извлекают из карманов кипы банкнот, тогда как здесь самые обеспеченные люди никогда не носят при себе более 50-100 фунтов наличными.

Нельзя сказать, что русские не торгуются. Но зато на аукционах, причем знаменитейших «Кристи» и «Сотбис», когда им позарез***** хочется получить что-то определенное, они за ценой не постоят. Предпочтение отдается западному искусству, но не забыто и национальное. Недавно за старинную Владимирскую икону было уплачено 70 тысяч фунтов стерлингов.

(Из «Новой ежедневной газеты», февраль 1994 г.)

*   сорить деньгами — тратить большие деньги, не задумываясь, безрассудно
**   ставить в тупик — ставить в трудное или безвыходное положение
***   видавший виды — испытавший очень многое в жизни, прошедший через многочисленные испытания
**** расхватывать(ся) как горячие пирожки — пользоваться огромным спросом, продаваться очень быстро
***** позарез — очень сильно

2.6 **Выпишите из текста предложения с глаголами в пассивном залоге. Определите время и вид глаголов.** (Wade, §300–303)

2.7 **В нижеприведенных предложениях употребите глагол в пассивном залоге. Сделайте все необходимые изменения:**

1. Только за последние два года русские истратили не менее 50 миллионов фунтов на покупку домов и квартир в самых роскошных местах в центре Лондона.
2. Они извлекают из карманов кипы банкнот и платят за покупку наличными.
3. Музей выставил на продажу Владимирскую икону XIII века.
4. Люди тратят большие деньги на приобретение престижных вещей, показывающих социальный статус человека.

2.8 **Выпишите из текста все действительные и страдательные причастия, распределив их в две колонки. Определите их время и вид.** (Wade, §339–66)

2.9 Образуйте причастия соответствующего вида от глаголов в скобках.
(Wade, §339–66)

«Кутюрье по прическам»

Свое шоу представил на суд зрителей известный парикмахер, а ныне стилист и модельер Сергей Зверев.

Жил-был талантливый юноша, _____ (завоевывать) Москву и мир виртуозными стрижками. Все _____ (мыслить) и _____ (не мыслить) награды ждали его на самых престижных соревнованиях. Но ... «Я с детства ненавижу блондинок, парикмахеров и конкурсы», — сказал Сергей Зверев. И начал делать шляпы. Потом — шить вычурные платья в стиле «красота»: рюши, рюши, рюши, перья, перья, перья. Потом — устраивать длиннейшие пресс-конференции с рассказами о «моем творчестве», где все — в _____ (приподнимать) тонах. Себя называет «кутюрье в области причесок», хотя кутюрье — это всего-навсего портной. Любимое слово — элитарный. И салон его — элитарный, и демонстрация моделей — суперэлитшоу. И «практически вся элита российской эстрады не мыслит своего творчества без его помощи» *(из пресс-релиза)*.

Эта самая элита собралась на шоу Зверева. Скромненькие такие, плохо _____ (причесывать). У блондинок (не будем указывать на личности, но очень знаменитых) от пробора два черных сантиметра. Как говаривал один остроумец: «Встречаешь блондинку – зри в корень». Видно, нет у «маэстро» времени заняться своими бедными элитарными подопечными. А жаль...

(«МН», №11, 17-24 марта 1996 г.)

3 ОБСУЖДАЕМ ПРОБЛЕМУ, ОБМЕНИВАЕМСЯ МНЕНИЯМИ, ВЫСКАЗЫВАЕМ СВОЮ ТОЧКУ ЗРЕНИЯ, ПРОСТО ГОВОРИМ...

3.1 Просмотрите еще раз текст 1 и ответьте на вопросы:

1. Улучшилось или ухудшилось положение среднестатистической российской семьи в результате реформ?
2. Как выглядит «типичный» «новый русский»?
3. Почему миллионеры в России либо старые, либо молодые, но почти никогда — среднего возраста?
4. В России 70 лет не было капитализма. Кто и как научил молодых бизнесменов делать деньги?

5. Поскольку многие преуспевающие российские бизнесмены — это бывшие (или даже нынешние) бизнесмены — новая денежная элита должна быть высококультурной и образованной. Так ли это?
6. Каково ваше отношение к «новым русским» как к феномену?
7. Сейчас русских (особенно «новых») можно встретить в любом уголке земного шара. Приходилось ли вам встречаться с ними?
8. Есть ли среди ваших близких друзей «новые русские»? Если да — расскажите о них.

3.2 **Перескажите текст упражнения 2.5, пользуясь вашим планом.**

3.3 **Из числа приведенных ниже выберите заголовок, который, на ваш взгляд, более всего соответствует тексту из упражнения 2.5. Объясните ваш выбор.**

1. «Новые русские» за границей.
2. «Новые русские» богаче всех богатых.
3. Расплачиваемся наличными.
4. Каков он на самом деле, современный россиянин?
5. Каждому свое, мы за ценой не постоим.
6. Мое желание — закон.

3.4 **Сейчас существует довольно много анекдотов о «новых русских». Вот некоторые из них. Прочитайте их и ответьте на вопросы после текстов:**

Два «новых русских» встретились в Нью-Йорке. Один хвастается:
— Посмотри, какой я галстук себе купил. За 1 000 долларов!
— Ну и дурак! — отвечает другой. — Вон там за углом за 1 500 продают!

***

«Новый русский» возвращается поздно ночью с банкета. Входит в последний совсем пустой троллейбус и говорит водителю:
— Отвези меня в Солнцево.* Я дам тебе 500 долларов.
— Но троллейбус туда не идет.
— Я дам тебе 1 000 долларов!
— Дело не в этом. Просто там нет троллейбусной линии, проводов...
— 10 000 долларов!
— А-а, будь что будет! — решается водитель. — Разгонюсь посильнее, авось, проскочу и без проводов!
Разогнал он троллейбус и помчался напрямую без проводов. Вдруг — стоп! — перед ним огромная яма, как от взрыва бомбы.
— Что такое? — недоумевает водитель. Ничего этого здесь никогда не было!
— А, это я вчера ночью на метро возвращался! — вспомнил «новый русский».

* Солнцево — район ближнего Подмосковья, за пределами собственно Москвы. Ассоциируется с преступной Солнцевской группировкой (мафией).

***

Поймал «новый русский» волшебную золотую рыбку, исполняющую любые желания и говорит: «Ну так что ты хочешь, золотая рыбка?»

***

Иван уехал из своей родной деревни в Москву, занялся бизнесом, разбогател и купил себе «Мерседес». Решил поехать домой, похвастаться перед односельчанами своими успехами. Перед самой деревней проколол колесо, наехав на ржавый гвоздь.

Стал он менять колесо, а тут откуда ни возьмись — друг детства, Колька.
— Здорово, Иван! Что делаешь?
— Колесо снимаю.
— Ну, а я сниму магнитолу, — сказал Иван, изо всех сил ударив по стеклу молотком.

***

Приснился «новому русскому» мешок картошки. К чему бы это? В «Толкователе снов» нет такого сна. Он к гадалке:
— Бабуся, что это может значить?
— Эх, сынок! Это значит, что либо тебя весной посадят, либо осенью уберут.

Какие черты «новых русских» высмеиваются в этих анекдотах?

Как вы поняли последний анекдот? Его можно назвать лингвистическим. Почему?

Понравились ли вам эти анекдоты? Почему?

Существуют ли в вашей культуре подобные шутки?

4 СЛУШАЕМ, ГОВОРИМ...

4.1 **Прослушайте запись. Слушая, заполните пропуски соответствующим причастием.** (Wade, §339–66)

Публики еще не много. _____ люди сказали, что все придут к началу развлекательной программы. Посетители изредка закатывают что-то попить у _____ по залу официантов. Девушки танцуют перед эстрадой. _____ выпито еще мало. Публика самая разная: _____ банка, иностранцы из _____ неподалеку гостиницы, коротко _____ парни.

Из машин с _____ моторами доносилась музыка. Я заметил _____ в темноте гаишников, _____ водителей, которые будут ехать под _____ знак.

ГОТОВЬТЕ ДЕНЕЖКИ, ГОСПОДА!
(Текст для прослушивания)

(Корреспондент газеты «Московский Комсомолец» (январь, 1995 г.) рассказывает о посещении одного из престижных московских ночных клубов, в которых развлекаются «новые русские».)

... Вот и вход в клуб. Крупные ребята на входе. Касса, где за немаленькие деньги можно купить входной билет. Арка-металлоискатель (проносить с собой в зал средства самозащиты, а также напитки запрещается, все это оставляется в камере хранения). К одиннадцати часам публики еще немного, знающие люди потом уже сказали, что народ подтягивается ближе к часу ночи, к началу развлекательной программы.

А до этого посетители большей частью сидят в креслах, слушают музыку, смотрят на мониторах (без звука) трансляцию MTV. Изредка заказывают что-то попить у снующих по залу официантов. Пара девушек, в обязанности которых, по всей вероятности, входит такой вид разогрева посетителей, медленно танцуют перед импровизированной эстрадой. Другие «работницы» рассредоточены. Они открыто осматривают мужчин, профессионально оценивая, кто на что способен, но пока присутствующими выпито еще мало, знакомства почти не завязываются.

Публика в зале разная. Служащие банка, которые празднуют чей-то юбилей, иностранцы из находящейся неподалеку гостиницы, широкоплечие и коротко подстриженные парни и, естественно, лица кавказской национальности.

Если отбросить банкиров, которые гуляют «на халяву»,* то остальные явно принадлежат к категории людей, которым в этой жизни некуда девать две вещи: время и деньги. Деньги — потому что цены, начиная с входного билета, просто непомерные. В Нью-Йорке за такие цены барменов просто бы стреляли на месте, а у нас — ничего. Может, потому, что деньги шальные, не знаю. А что касается времени, то не будут же они в самом деле торчать всю ночь, чтобы послушать наших доморощенных «артистов»!

Четвертый час утра. Народу прибывает.

— Вы не могли бы освободить столик, он заказан, — обращается к нам официант. Освободили. За него садятся кавказские юноши и, жестикулируя, как у них принято, что-то доказывают друг другу на непонятном языке. Мимо все так же ходят девушки. Высокие и не очень, худые и нормальные, красивые и так себе. Единственное, что их роднит (кроме дорогих вещей), — это взгляд. Описать его сложно, да и нужно ли? Тех, кто ищет приключений, он возбуждает и толкает на подвиги разной степени глупости, а других — наоборот.

Когда мы покидали клуб, администрация ждала Криса Кельми, часы показывали пять утра. Светало, однако переулок, где я оставил машину, был многолюден. Из машин с заведенными моторами доносилась музыка. Группы девчонок громко смеялись и говорили между собой. Два мента** мирно общались с парнями явно бандитского вида. Подъехало такси, и после непродолжительной беседы одна из девушек полезла в салон, где сидели трое парней. Выезжая, я заметил притаившихся в темноте гаишников,*** которые караулили водителей в надежде на то, что те, сокращая путь, будут ехать под запрещающий знак.

Наутро я обнаружил, что у машины вывернули крышку бензобака и пытались снять дворники...****

*   на халяву *(жарг.)* — за чужой счет
**   мент *(жарг.)* — милиционер
***   гаишник *(жарг.)* — сотрудник дорожной полиции (ГАИ = Государственная автоинспекция)
****   «дворники» — устройство для очистки ветрового стекла автомобиля

УРОК 4

Молодежь

1 ЧИТАЕМ И РАСШИРЯЕМ СВОЙ СЛОВАРНЫЙ ЗАПАС

1.1 Эти слова и словосочетания могут понадобиться вам для обсуждения данной темы:

молодежь: «золотая»/учащаяся молодежь; нужды/проблемы/ права молодежи; Комитет по делам молодежи

возраст: дошкольный/школьный/опасный возраст

учиться: учиться в школе/колледже/университете

работать: начать работать

зарабатывать: зарабатывать деньги/на жизнь; самостоятельно зарабатывать

преступность: преступность среди несовершеннолетних; уровень преступности

преступник: малолетний/несовершеннолетний преступник

преступление: совершать преступление

наркотик: принимать наркотики, торговать наркотиками

наркоман: становиться наркоманом

тинейджер

независимость: получать независимость; стремиться к независимости; независимость от родителей

амбиции: большие амбиции

музыка: классическая/современная музыка; рок-музыка; поп-музыка; увлекаться современной музыкой

концерт: концерт под открытым небом

спорт: заниматься спортом

1.2 Прочитайте текст 1.

ТЕКСТ 1

— На нужды молодежи в прошлом году израсходовано в пять раз меньше средств, чем на содержание колоний для несовершеннолетних преступников, — заявил на заседании правительства председатель Комитета РФ* по делам молодежи Андрей Шаронов.

В текущем году на реализацию федеральной программы «Молодежь России» планируется выделить из бюджета 26 миллиардов рублей, а необходим 161 миллиард рублей.

Однако, кроме того, уже сегодня более 50% выпускников российских университетов и технических вузов работают не по специальности. Отсюда очень низкий конкурс в вузы вообще, и особенно в технические. Подобная ситуация чревата тем, что через несколько лет в России не будет хватать квалифицированных технических кадров, но будет переизбыток коммерсантов и чернорабочих.

— Безусловно, — считает председатель Комитета по делам молодежи, — многих молодых людей сегодня привлекает как можно более быстрое обогащение и повышение материального уровня. Проучившись три-пять лет в школе, ребенок пытается самостоятельно зарабатывать деньги мойкой машин или торговлей газетами. Но, почувствовав вкус к деньгам, он с трудом возвращается к нормальной учебе, коммерческий азарт перекрывает все.

Корреспонденты «АиФ» решили проверить, как живется молодому человеку, занимающемуся коммерцией. Иными словами, современному спекулянту.

... Сидим на скамейке рядом с метро на самой модной в этом районе аллее. С утра хорошо идут сигареты — все запасаются, чтобы было чем на работе заняться. К обеду раскупают шоколадки — видимо, на десерт. А жвачку берут все и всегда, особенно дети.

Вообще, суббота — лучший торговый день. В восемь часов утра покупателей почти нет. Часам к девяти становится хлопотно. Косяком идут бабки, закупающие провизию тоннами на сто лет вперед. Простояв четыре часа с безменом, почти отморозив руки, наслушавшись бесконечных нареканий, жалоб и упреков, реагируешь соответственно. Очень хочется сесть и вытянуть ноги, а покупатели начинают раздражать. Соседка смеется и говорит, что за месяц работы на этом стихийном рынке ее характер изменился до неузнаваемости: из интеллигентной девочки-преподавательницы она стала бойкой и голосистой бабой-спекулянткой.

К концу дня уже ничего не хочется, даже есть. Продавщицы убирают товар в сумки. Ходят бомжи,** выпрашивают колбасу. Которая протухла — отдают им. По лужам шлепают припозднившиеся покупатели. А может, лучше в грузчики податься?…

Несколько сотен тысяч детей в возрасте от 14 до 16 лет не работают и не учатся. Ведь, начиная с 14 лет, их уже могут выгнать из школы, а на биржу труда они имеют право прийти только в 16 лет. Именно эта возрастная группа является наиболее криминогенной.

Бандиты тоже молодеют с каждым годом. Теперь, как просветили меня люди, занимающиеся «не вполне легальными делами», если ты свою «преступную жизнь» начинаешь с двадцати с хвостиком лет, крутым*** тебе не стать. Для этого надо было подсуетиться лет пять назад.

Все в детстве играли в войну. Можно сказать, это вневременная и вневозрастная игра — дети бьют стекла и ставят друг другу синяки, взрослые устраивают разборки на межгосударственном уровне. Только у современных детишек и шалости стали под стать нашему криминогенному времени. Этим летом в подмосковном городе Люберцы специальной оперативной группой милиции была задержана компания юных террористов. Самому старшему из них едва исполнилось пятнадцать лет, а младший — десятилетний пацан.**** Детишки тоже играли в войну, но настоящую: устраивали диверсии на железной дороге. Как-то они завалили плитами пути перед пассажирским поездом. В другой раз из-за них чуть не сошел с рельсов нефтеналивной состав. Ущерб государства от этих «милых детских шалостей» составил более десяти миллионов рублей. А наказать-то проказников весьма проблематично — возраст не тот!

По телевизору — боевики с мордобоем и музыка из трех блатных аккордов, не говоря о государстве, закрывающем глаза на так называемое «узаконенное мошенничество» типа липовых АО и ТОО, действующих по принципу «обобрал и смылся». В моду давно вошло сексуальное насилие — если девушка говорит «нет», это считается кокетством.

По данным МВД, половина изнасилований совершается группой. И не страшно — все так делают, и ты конкретно вроде и не виноват.

Можно пообсуждать на высоком уровне проблему преступности. Посетовать, что 30% квартирных краж совершаются несовершеннолетними. Что результаты опросов юных преступников говорят об их повальной юридической неграмотности. А в Комитете по безопасности Госдумы послушать предложения о создании «центров безопасности и выживания» для молодежи. Только ей, родимой, ни горячо, ни холодно от этих слов.

Молодежь чаще всего не занимает в обществе руководящего положения, а выполняет служебные функции. Обычно и в политической жизни молодежь редко проявляет активность, скорее ее используют в качестве политического «мяса» (по оценке социологов, активно участвует в политике всего 2-5% молодежи).

(По материалам газеты «Аргументы и Факты» 1995 г.)

* РФ — Российская Федерация
** бомж *(сокр.)* — «без определенного места жительства»
*** крутой *(жарг.)* — деловой, решительный, сильный, преуспевающий
**** пацан *(простореч.)* — подросток

1.3 Обратите внимание на активное употребление устойчивых словосочетаний, характерных для книжной письменной речи. Вот некоторые из них:

израсходовать на нужды молодежи/культуры/здравоохранения
содержание колоний/больниц/тюрем/музеев
Комитет по делам молодежи
реализация федеральной программы
выделить из бюджета... рублей на реализацию...
работать по специальности/не по специальности
низкий/высокий конкурс в вузы/университет
квалифицированные кадры
повышение материального уровня
результаты опросов говорят, что...
занимать руководящее положение
выполнять служебные функции

1.4 Образуйте существительные от следующих прилагательных:

Пример: молодой — молодежь

несовершеннолетний
технический
квалифицированный
коммерческий
возрастной
преступный

государственный
пассажирский
политический

1.5 **Прочитайте текст 2. Обратите внимание на разговорный стиль изложения, на обилие жаргона. Вот некоторые из таких слов и выражений:**

танцы-шманцы — „шманцы" не имеет смысла и употребляется как рифмованное
 добавление для приукрашивания разговорной речи
подрыгаться под «техно» — потанцевать под музыку, транслируемую через мощное
 радио-оборудование
(по)тусоваться — «потолкаться» в большой компании
прикалываться *(жарг.)* — веселиться, расслабляться, получать удовольствие
зажать курево *(жарг.)* — пожадничать, не угостить сигаретой
житье-бытье — см. «танцы-шманцы» — рифмованные пары
вещать (на непонятном языке) — говорить (на непонятном языке)
ввалиться в зал — войти развязной походкой
симпатяга-парень *(разг.)* — приятный молодой человек
мужики *(груб.)* — мужчины, молодые люди
девки *(груб.)* — девушки
два брата-акробата — «акробат» в данном случае не имеет своего прямого смысла и
 употребляется для создания рифмованной пары *(см.* «танцы-шманцы»)
обожраться чем-л. *(жарг.)* — объесться, съесть чересчур много
Я, сдуру, советую… — сдуру — очень неумно, глупо
обломно
стремный
страсти-мордасти — *см.* «танцы-шманцы»
на дух не принимать
место встречи изменить нельзя — аллюзия на очень популярный в Советском Союзе
 70-х гг. фильм с таким названием
калымить — зарабатывать деньги дополнительно к основному заработку

ТЕКСТ 2

Танцы-шманцы-обниманцы в сельском клубе разительно отличаются от дискотеки в городском ДК. Ребята в селе попроще, все друг друга и все друг о друге знают, а посему и приходят в клуб не столько подрыгаться под «техно», сколько потусоваться, поприкалываться, покурить, попить (буфета, конечно, нет), расслабиться, отдохнуть от сельхоздомашних дел. Бывают и заезжие гости из соседнего села имени какого-то революционера, но ведут себя смирно, драки по незначительным поводам (зажал, скажем, курево) не устраивают. Сами танцы, конечно, — все та же разноцветная темнота и бьющийся под дых ритм, за которыми почти ничего не видно и не слышно.

Начало. Медленная раскачка (я не имею в виду музыку). Танцуют одни девчонки, которые поздоровее, да и посмелее пацанов, в чем позже и убеждаешься. Сами пацаны разминаются пока на морозце, «разогреваясь», покуривая и ища средства для проникновения в клуб (хотя билет и стоит до смешного дешево, я даже цену называть не буду, дабы ЛИСС* в обморок не хлопнулся). Моих скромных средств вполне хватило осчастливить сразу четверых в обмен на разговор об их житье-бытье (а иначе никого на откровенность просто не вызовешь). Мои новые приятели — совсем юные: Панька по прозвищу Пилун (что означает это слово, мне выяснить так и не удалось, могу только догадываться), Сереня и два Лехи.

Дискотека же тем временем медленно, но верно набирала обороты. Диск-жокей из комнаты этажом выше, видимо, откуда-то из библиотеки, совершенно не видя публики, что-то пытался вещать на непонятном радиоязыке. Отдельные горячие парни разбавляют девичий хоровод. Скучновато...

Вдруг распахивается дверь, и в зал, шатаясь, вваливается симпатяга-парень. Вся толпа бурно приветствует еще одного Сереньку, специально приехавшего из губернского города Н. повидать старых друзей. Крики, объятия, даже поцелуи. Дискотека несколько оживляется, мужики вытесняют девок из центра зала, те выходят покурить. За ними вместе с Лехами выхожу покурить и я.

Эти два Лехи очень похожи, как два брата-акробата, они даже родились чуть ли не в один день. Им скоро шестнадцать. Школа — это уже не для них. До недавнего времени работали в местном совхозе. Разнорабочими. Приходилось делать все: пасти коров (это очень ответственно, не дай Бог, обожрутся клевера — придется животы вспарывать), убирать навоз («грязь не сало, помыл — и отстало»), красить, мазать, копать. Но из совхоза пришлось уйти по причине вполне обычной для нашего времени. Их послали на курсы трактористов — дорогу-то оплатили, а кушать на этих курсах тоже хотелось. Ныне подумывают Лехи податься на местную фабрику, которая, правда, в основном стоит, а не работает. Я сдуру, конечно, советую парням уехать в город. «Не-е, в город мы не хотим, бывали мы везде, даже в Москве, там же все покупать надо!» — отмахиваются пацаны.

Я спрашиваю своих Лех, с чего это Сереньку из губернского города Н. так все любят. На что Лехи чуть ревниво поясняют: «Если бы были такими пьяными, нас бы не так еще встретили!» М-да-а, на дискотеку сюда трезвым как-то обломно ходить. Да и вообще, бутылка — одна из немногих отрад, она же и конвертируемая валюта в расчетах за услуги. Ну это я так, между строк.

Чтобы перевести разговор в другое, более знакомое русло, спрашиваю об их музыкальных пристрастиях. Я угадал — конечно же, «Сектор Газа».** Однако холодно. Пора и нам пойти погреться. В полутемной зале гремит «ДДТ»** осенней песней. Ах, да — это же медленный танец, значит, совсем темно, пошли обниманцы, но поцелуев, конечно, не слышно и не видно. Любовь — тема для деревни какая-то стремная, о ней не говорят, при слове «секс» непонятно вздрагивают. Здесь рано взрослеют, порог совершеннолетия чисто условен, и порой кипят страсти-мордасти, с точки зрения человека городского, глубоко безнравственные. И наоборот — то, что нормально для города, в деревне на дух не принимается.

Вот такие танцы-шманцы-обниманцы в славных Запорах, в туземном очаге культуры, месте встречи, которое изменить нельзя, да и менять, собственно, не на что... На следующее утро Серенька из губернского города Н., все так же шатающийся, провожался толпой поклонников на автобус. Другой Серенька вместе с Панькой шли в совхоз подкалымить. Деревня продолжала жить своей жизнью...

(По материалам газеты «Я молодой», 1996 г.)

* известная в Москве дискотека
** названия популярных музыкальных групп

1.5 Сравните эти два текста с точки зрения языка и стиля изложения. Что вы можете сказать о газетах, в которых они напечатаны?

1.6 Попробуйте изменить текст 2 и придать ему более строгий «нормативный» вид, так, чтобы его можно было публиковать в газетах типа «Аргументы и Факты».

2 ПИШЕМ, ИЗУЧАЕМ ГРАММАТИКУ

2.1 Выпишите из текстов 1 и 2 все примеры безличных конструкций, объясните их употребление. (Wade, §294–99)

2.2 Заполните пропуски глаголами в нужной форме. Помните о безличных конструкциях и приставках!

Вчера _____ (сказать), что погода _____ (меняться). И действительно к вечеру _____ (холодать). _____ (хотеть) домой, в тепло. Так как _____ (темнеть) рано, мне _____ (казаться), что уже глубокая ночь. И даже _____ (хотеть) спать. Когда я проснулся среди ночи, я удивился. Кругом странно _____ (светлеть). Я выглянул в окно и понял, что _____ (случаться). Всю деревню _____ (валить) снегом.

2.3 Согласуйте глагол и местоимение, образовав безличные конструкции с одушевленным дательным (а) и винительным (б) падежами. Закончите предложения в настоящем и прошедшем временах.

    А. Пример: я — хоть : *Мне хочется пойти на эту выставку. Мне хотелось пойти на эту выставку.*

я	—	хотеть
ты	—	работать
он	—	петь
она	—	спать
мы	—	думать
они	—	слышать

    Б. Пример: я — знобить : *Его знобит, у него высокая температура. Его знобило, у него был жар.*

я	—	знобить
ты	—	рвать (тошнить)
он	—	лихорадить
она	—	убивать
мы	—	клонить (ко сну)
вы	—	засыпать (снегом)
они	—	заливать (водой)
он	—	укачивать
она	—	просить
они	—	ждать

2.4.а Выпишите из текстов все глаголы движения.

2.4.б Объясните их употребление (обратив внимание на приставку). Какая разница в употреблении глагола «идти» в следующих предложениях:

С утра хорошо идут сигареты.
Косяком идут бабки, закупающие провизию.

2.5 Заполните пропуски, поставив нужный глагол в соответствующую видо-временную форму: (Wade, §315–38)

    1.   По воскресеньям я всегда _____ гулять в парк.
           а) идти   б) ходить

    2.   Женщина _____ очень быстро. Старуха едва поспевала за ней.
           а) идти   б) ходить

3. Когда Мария _____ домой, она все время слышала какой-то странный шум.
   а) идти   б) ходить

4. В прошлое воскресенье мы всей семьей _____ в зоопарк.
   а) идти   б) ходить

5. С утра _____ дождь, но к вечеру даже выглянуло солнце.
   а) идти   б) ходить

6. Раньше мы каждый год _____ отдыхать в Крым.
   а) ехать   б) ездить

7. Мой друг тяжело болен, и я _____ навещать его каждый день.
   а) ехать   б) ездить

8. Куда вы _____ на следующей неделе? В командировку или в отпуск?
   а) ехать   б) ездить

9. Мы в поезде _____ долго, навстречу тянулись поля.
   а) ехать   б) ездить

10. Я обычно _____ в Денвер через Чикаго. Там живет мой сын.
    а) лететь б) летать

11. Посмотри на небо! Видишь, птицы _____ в теплые края.
    а) лететь б) летать

12. Когда я _____ в самолете, меня всегда укачивает.
    а) лететь б) летать

13. Как _____ время!
    а) лететь б) летать

14. Мне сегодня не _____. Я провалился на экзамене и поссорился с девушкой.
    а) везти   б) возить

2.6.а Приведенные ниже пословицы представляют собой безличные предложения. Расклассифицируйте их по следующим типам:

— **безличные конструкции с глаголом 2 лица единственного числа**

— **безличные конструкции с глаголом 3 лица множественного числа.**

1. Без труда не вытащишь и рыбку из пруда.
2. В Тулу со своим самоваром не ездят.
3. Выше головы не прыгнешь.
4. Дареному коню в зубы не смотрят.
5. За двумя зайцами погонишься, ни одного не поймаешь.
6. Клин клином вышибают.

7. Лошадей на переправе не меняют.
8. Любишь кататься, люби и саночки возить.
9. Не по словам судят, а по делам.
10. Что посеешь, то и пожнешь.
11. После драки кулаками не машут.
12. Поспешишь — людей насмешишь.
13. Цыплят по осени считают.
14. Шила в мешке не утаишь.

2.6.б Объясните значение этих пословиц. Постарайтесь найти их английские эквиваленты.

2.7 Переведите на английский язык:

МОЛОДЫЕ И ПОЛНЫЕ АМБИЦИЙ

Тимофей Лесин волнуется. Уже почти полночь, а его жена, Юлия, на четвертом месяце беременности, все еще не вернулась домой из офиса фирмы «Артур Андерсен Кампани» в центре Москвы, где она работает бухгалтером. Через несколько минут Юлия приходит. —Извини, милый, я задержалась, — извиняется она. — У нас был аврал. Она заканчивала отчет для крупного зарубежного заказчика.

Это совсем не похоже на прежнюю жизнь при коммунистах, которую метко описали следующим образом: «Мы притворяемся, что работаем, а они притворяются, что платят нам». Сегодня Тимофей, которому 25 лет и который занимается розничной торговлей потребительских товаров, и Юлия (23 года) представляют собой новую «породу» российских служащих — тех, что много работают, амбициозны, приспособляемы и молоды.

Поколение российских трудящихся в возрасте до 40 лет — это быстроадаптирующиеся к условиям рынка профи, умеющие работать и ценить истинные ценности.

3 ОБСУЖДАЕМ ПРОБЛЕМУ, ОБМЕНИВАЕМСЯ МНЕНИЯМИ, ВЫСКАЗЫВАЕМ СВОЮ ТОЧКУ ЗРЕНИЯ, ПРОСТО ГОВОРИМ...

3.1 Просмотрите еще раз текст 1 и постарайтесь ответить на следующие вопросы:

1. Достаточно ли средств расходуется на нужды молодежи в России?
2. Высок ли престиж высшего образования в России?

Молодежь

3. Что больше привлекает сейчас российскую молодежь: учеба и хорошая карьера в будущем или желание немедленно заработать деньги, не думая об образовании?
4. Сейчас в России отмечается рост преступности среди молодежи. Как вы думаете, чем вызвано такое положение?
5. Какие проблемы, связанные с молодежью, существуют в вашей стране?
6. Имеете ли вы свое собственное мнение относительно проблем молодежи? Что вы считаете самой серьезной проблемой? Чем она вызвана и как решается?

3.2 Есть еще одна категория молодежи. Она называется на Западе «yuppy». Что вы знаете об этих молодых людях? Встречались ли вы когда-нибудь с теми, кого можно назвать «yuppy»? Каково ваше отношение к этой категории молодых людей?

3.3 Вернитесь к тексту упражнения 2.7 «Молодые и полные амбиций». Ответьте на следующие вопросы:

Что значит «полные амбиций»?
Амбициозность — это качество, присущее только молодым?
Как анекдотично описывали отношения между трудящимися и государством при прежнем коммунистическом режиме?
Чем отличается новая «порода» российских служащих от своих предшественников?
Можно ли назвать этих молодых людей «yuppys»?

3.4 В России сейчас есть специальная газета для молодежи. Она так и называется — «Я молодой». Газета очень популярна и молодые люди обращаются к ней как к своему другу, пишут ей письма. Вот, например, одно из них:

«Хочу признаться тебе, «Молодой», в любви и пожелать тебе, чтоб ты всегда оставался интересным и юморным. Очень нравится рубрика «Мы говорим так». Хотелось бы пополнить ее своими изысками. Читай:

Клешня — конечность любого вида; аул — большое количество народа, желающего попасть в сарай (см. ниже); сарай — троллейбус, автобус; лайнер — поезд, электричка; сиделка — любое приспособление, используемое для сидения; автор — кто-то, заслуживающий подражания; сплетники — очки; яйца подкатывать — кадрить девушку; дэнсы — дискотека; галлимый целлофан — некачественная, нестоящая вещь; почки выдрачивать — очень долго что-то бессмысленно объяснять; тусовать бутылки — суетиться, возиться; с ума пасть — сказать, сделать очевидную глупость; поймать клина — зациклиться на чем-нибудь; как с куста — запросто; ясен (ясный болт) — вполне очевидное явление; Валя Котик — человек, сделавший глупость.

Катя В., г. Пущино.

Как вам нравится такой «язык»?

Вызывает ли он у вас какие-нибудь ассоциации?

Есть ли у молодежи вашей страны свой «язык»?

Как, по-вашему, следует относиться к нему: как к факту живого разговорного языка, существование которого следует принимать как должное или как негативное явление, с которым следует всячески бороться?

4 СЛУШАЕМ, ГОВОРИМ...

4.1.а Давайте на некоторое время забудем о проблемах молодежи, о трудностях молодежи и о вопросах типа «Легко ли быть молодым»? Давайте подумаем, а что это значит — быть молодым? Как бы вы ответили на этот вопрос?

4.1.б Закончите предложение: Быть молодым — значит... Дайте как можно больше своих вариантов.

4.2 По мнению авторов этого учебника, быть молодым — очень здорово! Текст, который вы сейчас прослушаете, по их мнению, подтверждает это. Даже судя по названию — «Как я тусовалась в Одессе». Слушайте.

4.3 Ответьте на вопросы:

1. Почему автор очерка советует отдыхать именно в Одессе? Почему ей там сразу стало весело и почему Одесса встретила ее шуткой?
2. Почему молодежь Одессы более раскрепощена? Тинейджеры — не пугливы?
3. Как описана молодежная мода в Одессе? Совпадает ли она, по вашему мнению, с западными стандартами?
4. Что обожает делать одесская (и не только одесская) молодежь? А вы?
5. Чем жизнь молодежи этого космополитического города похожа на жизнь молодежи вашей страны?
6. Чем она отличается?
7. Говорят, люди везде — люди. Они, в принципе, везде и всегда одинаковы. А молодежь?

КАК Я ТУСОВАЛАСЬ В ОДЕССЕ
(Текст для прослушивания)

Если вы устали от индустриальной суеты, берите билет в Одессу и просто приезжайте.

Весело мне стало уже в аэропорту, когда я доверчиво забросила сумку в автобус и вышла подышать живительным одесским воздухом. Автобус неожиданно тронулся и исчез в утреннем тумане, а оскорбленные моим невниманием таксисты тут же стали меня успокаивать фразами типа: «Ну, теперь вещи на международную таможню повезли. Придется вам пошлину платить».

Это была первая шутка, которой меня встретила Одесса.

Статус столицы юмора наложил особый отпечаток на местную молодежь. Юные одесситы и одесситки гораздо более раскрепощены, чем, к примеру, их столичные (т.е. киевские) ровесники. Они «западнее» одеты, крайне редко встречаются девушки в нейлоновых блузах с люрексом и туфлях с золотыми бантами. Повсюду — босоножки и кроссовки на гигантских платформах немыслимых цветов, расклешенные джинсы в клетку, полоску и ромашку, светящиеся рюкзачки, лимонно-желтые и жизнеутверждающе-зеленые ногти... Шумными, но не пугливыми стайками тинейджеры слоняются по улицам города, периодически оседая в многочисленных кафешках. Кстати, о них. По количеству закусочных Одесса начала напоминать курортные городки Испании и Италии. За 15 долларов вы втроем можете съесть по салатику (оливье или из свежих овощей), отбивную с гарниром и запить все это томатным соком. Еще стоит попробовать одесскую яичницу — ее готовят практически везде — с ветчиной, на сале по-домашнему и посыпают морковью по-корейски, которая есть в каждом одесском блюде. Даже в горячих бутербродах — ее маскируют толстым слоем расплавленного сыра. Поэтому у одесских подростков постоянно растут оранжевые морковные «усы»...

Однако не все время одесская молодежь ест и слоняется по улицам. Еще она учится. Вузов в городе много, наиболее престижный, естественно, ОГУ.* Что характерно, немногие одесситы уезжают учиться в Киев и Москву, как это принято в других украинских городах. (Впрочем, Одесса вряд ли может называться чисто украинским городом.) И если уже решаются расставаться — то по-серьезному, по причине эмиграции в Америку и Израиль.

Жизнь одесской молодежи периодически оживляется во время гастролей московских звезд — они приезжают часто и активно. Не всегда, однако, гастролеры радуют. Недавно выступавшая Жанна Агузарова, отпев двадцать минут, срочно удалилась, сославшись на срочную связь с... космосом. Несмотря на умоляющие крики ошалевших фанов, певица так и не вышла, очевидно заболталась с марсианами. А многие студенты отдали за 20-минутный концерт последние гривны.**

Ольга Костенко.
(По материалам газеты «Я молодой», июнь 1997 г.)

*   ОГУ — Одесский государственный университет
**   гривна — денежная единица Украины. Введена в 1996 г.

УРОК 5

Образование

1 ЧИТАЕМ И РАСШИРЯЕМ СВОЙ СЛОВАРНЫЙ ЗАПАС

1.1 Эти слова и словосочетания могут понадобиться вам для обсуждения данной темы:

ученик: ученик средней школы/начальных классов
студент: студент университета/колледжа
специальность: будущая специальность; получать специальность; работать по специальности
школа: (не)государственная/частная/альтернативная школа
вуз *(сокр.)*: высшее учебное заведение; московский/столичный/ провинциальный вуз
университет: Московский государственный/лингвистический/ технический университет; поступать в университет; закончить/окончить университет
экзамен: вступительный/выпускной/государственный экзамен
балл: проходной/высокий балл; набрать нужное количество баллов; набрать проходной балл; недобрать балл(ы)
комиссия: экзаменационная комиссия
абитуриент — человек, сдающий вступительные экзамены в вуз
конкурс: высокий конкурс; пройти по конкурсу
сессия: экзаменационная/зимняя/летняя сессия
стипендия: повышенная/президентская/правительственная стипендия; получать стипендию
выпускник: выпускник вуза/МГУ (Московский государственный университет)
диплом: красный диплом (= диплом с отличием); защищать диплом; диплом о высшем образовании

1.2 Прочитайте текст 1.

ТЕКСТ 1

Устроиться студентам на работу по их будущей специальности становится все сложнее. Как показал опрос, по специальности трудятся сейчас всего 25-30% опрошенных. Среди студентов гуманитарных вузов и факультетов этот процент даже ниже, а среди экономических и технических — достигает 45-50%. К примеру, в Московском экономико-статистическом институте, готовящем в основном бухгалтеров и экономистов, студенты трудятся программистами, банковскими служащими, консультантами по вычислительной технике, зарабатывая от 200 долларов и выше. В числе остальных 50-55% студентов: переводчики технических текстов — 3-5%, преподаватели информатики и вычислительной техники в школах — от 8 до 10%, столько же руководят работой компьютерных кружков во внешкольных учреждениях. А 30-35% — продавцы коммерческих палаток, ночные сторожа или рядовые коммерсанты-перекупщики...

(«Аргументы и Факты», январь 1995 г.)

Тем не менее, образование всегда было в чести на Руси. Таковым оно остается и сейчас для многих и многих. Вопрос об образовании встает уже в отношении малышей. «В какую школу отдать ребенка?» — этот вопрос мучает множество родителей. Ведь сейчас у них есть выбор: государственным школам есть альтернатива.

Немногим более 5 лет прошло с открытия первой негосударственной школы, а сегодня их более 140. Среди предметов — культурология, история мирового кинематографа: Эйзенштейн, Тарковский, Феллини...

Все частные школы пытаются по-своему преодолеть барьер боязни экзаменов. В одних школах ученики сдают экзамены каждые полгода. Причем экзамены принимает не учитель, а независимая комиссия. А как, например, в школе «Молодых предпринимателей», экзамены — раз в год. В некоторых школах сдача выпускных экзаменов на «отлично» означает автоматическое зачисление на первый курс института.

Трудно сказать, как дальше в наших условиях будут развиваться частные школы, но то, что они необходимы, не вызывает сомнений. Много их будет? В Германии пять

Образование

процентов детей учатся в частных школах, в Англии — семь процентов. Как утверждает их статистика, семьдесят процентов из тех, кто занимает престижные посты, окончили негосударственную школу.

(«Куранты», 6.04.1994)

Качество образования в таких школах и в хороших государственных, как показали независимые тесты, — приблизительно одинаковое. Учителя ведь выходят из одних и тех же педвузов и, кстати, нередко совмещают работу в обычных и частных школах.

(«Аргументы и Факты», февраль 1994 г.)

1.3 **В колонке А указаны названия институтов, университетов и факультетов. В колонке Б — специалисты, которых готовят в этих вузах. Найдите соответствия из обеих колонок и сделайте законченное предложение.**

Пример: В Московском экономико-статистическом институте готовят бухгалтеров и экономистов.

А	Б
1. Московский экономико-статистический институт	1. агроном и зоотехник
2. Лингвистический университет (прежнее название — Институт иностранных языков)	2. горный инженер
3. Юридический факультет МГУ	3. бухгалтер и экономист
4. Институт стали и сплавов	4. инженер-автомобилестроитель
5. Институт театрального искусства	5. преподаватель иностранных языков и переводчик
6. Механико-математический факультет МГУ	6. юрист, адвокат, судья, следователь
7. Сельскохозяйственная академия имени К. А. Тимирязева	7. кинорежиссер и кинооператор
8. Геологоразведочный институт	8. дипломат
9. Архитектурный институт	9. ученый-математик, механик и физик
10. Автомобилестроительный институт	10. школьный учитель
11. Горный институт	11. геолог

12. Институт кинематографии	12. врач
13. 1-й Медицинский институт	13. актер
14. Институт международных отношений	14. композитор и музыкант
15. Педагогический университет	15. художник-дизайнер
16. Художественный институт им. В. И. Сурикова	16. инженер-металлург
17. Московская государственная консерватория	17. архитектор

2 ПИШЕМ, ИЗУЧАЕМ ГРАММАТИКУ

2.1 **Просмотрите Текст 1 еще раз и обратите внимание на слова и выражения, которые используются как средства связности. Заполните пропуски соответствующими средствами связности, больше всего подходящими по смыслу. Используйте следующие слова и словосочетания:**

Однако; ведь; по данным социологического опроса; к примеру; как утверждает статистика; следует отметить; тем не менее; известно; надо сказать; не удивительно.

_____ многие выпускники вузов работают не по специальности.

_____ специалисты с дипломом математика работают таксистами.

_____ престиж образования не падает.

_____, что оно было в чести на Руси во все времена. Эта традиция сохраняется и сейчас.

_____ 60% бывших школьников идут в вузы.

_____, что конкурс в некоторые из них очень высок.

2.2.а **Порядок абзацев в следующем тексте нарушен. Расположите их в правильной последовательности.**

1. Несмотря на то, что Татьяна плохо кончила (правда, потом оказалась на небесах), это самый веселый праздник. Почему же он все-таки студенческий? Именно 25 января императрицей был подписан Указ об открытии Московского университета.

2. Студенческие каникулы, начинающиеся 25 января, — вечный праздник. Позади — сессия, впереди... Все московское почти полумиллионное студенчество

Образование 63

считает этот праздник своим. Забывая о том, что весь христианский мир отмечает в этот день смерть великомученицы Татьяны еще с 225 года.

3. С тех пор и началось веселье. Обычно в каникулы берешь в руки лыжи — и в горы. Или же едешь в путешествие (в доперестроечные времена с этим было легче, существовали льготы). Каникулы — это бесконечное общение, встречи и пирушки (безгрешных не бывает!).

4. Богатая и знатная римлянка Татьяна помолилась однажды Богу, и языческий идол пал и разбился. Ее били, подвергали пыткам, но языческие идолы не могли устоять перед ее взором, вызывающим землетрясения, громы и молнии. Ей отрубили голову.

(*«Аргументы и Факты», №4, январь 1995 г.*)

2.2.б **Придумайте заголовок к тексту.**

2.2.в **Очень кратко (используя не более 50 слов) передайте содержание текста в письменном виде.**

2.3 **В следующем тексте речь идет о зимних студенческих каникулах в российских вузах. (Обычно это 2 недели, с 25 января по 7 февраля. Летом студенческие каникулы более продолжительные: как правило, целых 2 месяца — июль и август.) Переведите текст на английский язык:**

Каникулы в России всегда следуют после почти целого месяца напряженной работы и переживаний после экзаменационной сессии. Студенты обычно сначала сдают зачеты (своего рода экзамены, которые оцениваются только двумя оценками: «сдано» и «не сдано»), а затем — собственно экзамены. В общей сложности они сдают около 10-12 зачетов и экзаменов, как правило — в устной форме.

Студенты университета учатся 5 лет. На пятом курсе (году обучения) они пишут, а затем публично защищают дипломную работу. Это небольшой научный труд, серьезное исследование, требующее глубоких знаний и напряженной творческой работы.

2.4 **Студенты в России — это люди молодые; обычно они приходят в вузы сразу после школы, в возрасте 16-18 лет, веселые и жизнерадостные. Они не прочь пошутить даже об очень серьезных вещах. Вот, например, какие советы рекомендованы дипломникам МГУ:**

ЗАПОВЕДИ ДИПЛОМНИКА

1. Не пиши длинно. Диплом не «Война и мир», а ты не Лев Толстой. Пухлый диплом действует на рецензента, как красный цвет на быка.

2. Не пиши кратко. Это свидетельствует либо о большом таланте, либо о скудости ума. Ни того, ни другого рецензенты тебе не простят.

3. Заглавие для диплома — то же, что шляпка для женщины в летах.

4. Не хлопай по плечу классиков естествознания.

5. Не зазнавайся. Не думай, что все окружающие — дураки, а ты один умный. Избегай личных местоимений. Заменяй нахальное «я считаю» скромным «по-видимому, можно считать».

6. Избегай приглашать в рецензенты молодых кандидатов и докторов. Они только завоёвывают себе «место под солнцем» и всегда рады воспользоваться случаем, чтобы показать себя и опорочить других. Гораздо удобнее приглашать маститых деятелей науки, ибо к старости все мы делаемся если не добрее, то, во всяком случае, ленивее.

(«Московский Университет», №9, май 1996 г.)

2.5 «Заповеди дипломника» в основном состоят из повелительных предложений. Поставьте следующие глаголы в повелительное наклонение. Используйте утвердительную и отрицательную формы 2 лица ед. и мн. числа: (Wade, §227–29)

писать	забывать	кричать	одеваться
плясать	закрывать	искать	умываться
плакать	выключать	подходить	причёсываться
смотреть	давать	свистеть	стричься
глядеть	взять	радоваться	подниматься
читать	забыть	закрыть	выключить

2.6 Придумайте свои предложения с некоторыми из этих глаголов в повелительном наклонении.

3 ОБСУЖДАЕМ ПРОБЛЕМУ, ОБМЕНИВАЕМСЯ МНЕНИЯМИ, ВЫСКАЗЫВАЕМ СВОЮ ТОЧКУ ЗРЕНИЯ, ПРОСТО ГОВОРИМ...

3.1 Как вы поняли текст 1?

1. Какая проблема стоит перед дипломированными специалистами?
2. Изменилось ли существенно отношение к образованию в современной России?
3. Какая перемена произошла в области образования?
4. Чем отличаются государственные школы от негосударственных:
   — в отношении экзаменов?

Образование　　　　　　　　　　　　　　　　　　　　　65

— в отношении учебных программ?
— в отношении качества образования?

3.2　Просмотрите еще раз текст упражнения 2.3 о каникулах у российских студентов. Расскажите о студенческих каникулах в вашей стране:

Когда они бывают?
Сколько времени они продолжаются?
Как обычно студенты проводят их?
Совпадают ли они с какими-либо праздниками или особыми датами?

3.3　А теперь — о серьезном:

Пишут ли студенты-выпускники в вашей стране дипломную работу?
Существует ли процедура защиты диплома?
Как проходит церемония вручения дипломов?

3.4　Помните, какие «заповеди дипломника» рекомендованы студентам МГУ? А какие заповеди дипломника придумали бы вы? Запишите их и сравните с тем, что придумали другие студенты вашей группы. Обсудите их и выработайте общий окончательный вариант.

3.5　Во многих пословицах используются глаголы в повелительном наклонении и особенно часто — в отрицательной форме:

Не руби сук, на котором сидишь.
Не рой другому яму, — сам в нее попадешь.

Как вы понимаете значение этих пословиц?

4 СЛУШАЕМ, ГОВОРИМ...

4.1 **Вы услышите текст о Московском университете. До того, как вы прослушаете его, постарайтесь ответить на следующие вопросы:**

1. Московский университет — это государственное или негосударственное учебное заведение?
2. Это старый вуз или относительно молодой?
3. Должны ли студенты платить за обучение в Московском университете?
4. Принимают ли в МГУ иностранных граждан?

4.2 **Теперь прослушайте текст и проверьте правильность своих ответов. Некоторые слова могут быть незнакомы вам.**

Например: бюджетник, контрактник, «стипуха», «деревянный».

Вот их значения:

бюджетник: человек, находящийся на бюджетном, государственном финансировании, то есть получающий зарплату или стипендию от государства

контрактник: человек, работающий или обучающийся по контракту. Здесь — студенты, заключающие договор с университетом об обучении на платной основе

«стипуха» *(жарг.)* : студенческая стипендия

«деревянный» *(жарг.)* : пренебрежительное название российского рубля, не обеспеченного золотым запасом.

4.3 **Пользуясь словарем, объясните значения следующих слов и выражений:**

возвеличить
раскошелиться
отбоя нет
флагман науки
терять марку
быть на высоте

ТЕКСТ ДЛЯ ПРОСЛУШИВАНИЯ

Пройдет еще немного времени и многие школьники встанут перед дилеммой — где продолжить свое образование. Вариантов много. Это может быть государственный вуз, его коммерческое отделение или частное, негосударственное высшее учебное заведение, и не важно, как оно называется: Университет, Колледж или Институт.

(«Где учиться и работать?», март 1996 г.)

Образование

Несколько лет назад, во время очередной реорганизации нашего высшего образования, появилась мода на переименования. Многие институты и институтики «возвеличили» себя в академии и университеты. Так что сейчас в Москве этих самых университетов — десятка три. Но лишь один из них рука привычно норовит написать с большой буквы. Это МГУ — Московский государственный университет.

От желающих поступить сюда любой ценой отбоя нет. И немудрено: первый вуз страны, основанный в 1775 году великим русским ученым М. В. Ломоносовым и человеком Ренессанса — графом Шуваловым, он всегда был флагманом отечественной науки. Абитуриентов не пугает даже жесточайшая конкуренция: ведь в конкурсных экзаменах претендуют на одно место иногда до 25 человек! В условиях рынка руководство университета могло бы моментально поправить свое не очень завидное материальное положение, объявив, например, льготный прием на условиях платного обучения. Однако оно от подобной перспективы отказалось: не хочется терять марку и мириться со снижением уровня знаний выпускников. По-прежнему основная часть студентов университета — бюджетники. И лишь 5-8% от общего их числа составляют те, кто

КЛЯТВА СТУДЕНТА МОСКОВСКОГО УНИВЕРСИТЕТА

Я, студент Московского государственного университета имени Михаила Васильевича Ломоносова, вступая в университетское сообщество, торжественно клянусь:

- не жалеть сил и времени на постижение наук и получение знаний на благо своего Отечества;

- хранить и развивать славные традиции первого российского университета;

- заботиться о сохранении и приумножении достояния моего университета;

- быть верным университетской корпорации и не забывать ALMA MATER, где бы я ни находился.

КЛЯНУСЬ! КЛЯНУСЬ! КЛЯНУСЬ!

Я подружилась с Михайло Ломоносовым на 5 лет

обучается на договорных условиях, за плату. На некоторые факультеты — биологический, юридический — «контрактников» вообще не берут. Другие факультеты принимают на платное обучение лишь тех абитуриентов, кто сдал вступительные экзамены, но недобрал 1-2 балла. Стоимость обучения «контрактников» на разных факультетах колеблется от 50 до 200 минимальных зарплат за учебный год. При условии сдачи сессионных экзаменов на «отлично» можно получить от деканата скидку на оплату учебы.

В МГУ, как и прежде, много иностранцев: из 26 тысяч студентов почти 1 700 — граждане ближнего и дальнего зарубежья. Никаких особых условий поступления в университет для них не существует. Будь ты хоть кениец, хоть болгарин, хоть белорус или таджик, — если имеешь документ о среднем образовании, приезжай и сдавай вступительные экзамены. Прошел по конкурсу, стал студентом-бюджетником, и государство Российское раскошелится на твое обучение. Недобрал баллов — можешь быть зачислен на платное обучение, но только, извини, дорогой зарубежный друг, стоить такое удовольствие для тебя будет уже несколько дороже — более 3 000 долларов за каждую пару семестров. «Стипуха» для россиян и студентов родом из ближнего зарубежья — 63 250 «деревянных». Хотя студенчество живет вовсе не на одну лишь стипендию. Иначе как объяснить тот факт, что в вестибюлях и коридорах учебных корпусов стенды пестрят рекламой соблазнительных туров в Италию, в ЮАР стоимостью в 500 и даже в 3000 «баксов»? По соседству приклеены и другие любопытные объявления: «Обаятельная парикмахер-визажист Мария украсит Вашу внешность модной стрижкой по Вашему желанию», «Сочинения для абитуриентов — без ошибок!»

На 300м вознес свой шпиль МГУ — «величавая крепость науки», как пелось в одной из оптимистично-энтузиастских песен из нашего «светлого» прошлого. Вечером на фоне закатного неба хорошо смотрится строгий и элегантно-утонченный профиль столь дорогого многим здания. И если доехать на скоростном лифте до самого верхнего этажа, какой вид оттуда откроется! Вся Москва под ногами. Тут уж невольно каламбур в голову приходит: В здании МГУ на Воробьевых горах наука находится на небывалой высоте!

(«Аргументы и Факты», №20, 1996 г.)

УРОК 6

Средства массовой информации

1 ЧИТАЕМ И РАСШИРЯЕМ СВОЙ СЛОВАРНЫЙ ЗАПАС

1.1 Эти слова и словосочетания могут понадобиться вам при обсуждении данной темы.

СМИ — средства массовой информации
(радио)трансляция: прямая радиотрансляция; музыкальная радиотрансляция

радиовещание
программа: программа адресованная родителям; слушать программу
эфир: выходить в эфир; прямой эфир
волны: звучать на волнах; радиоволны
передача: спортивная передача; музыкальная передача
ведущий: ведущий радиопередачи; ведущий телепередачи
газета: ежедневная газета; свежая газета; утренняя газета; вечерняя газета; центральная газета; местная газета; номер газеты; газета выходит
журнал: еженедельный журнал; ежемесячный журнал; общественно-политический журнал
статья: газетная статья; статья на тему; журнальная статья; статья о...; (о)публиковать статью
издание: периодическое издание
печать: мировая печать; российская печать; центральная печать
пресса: местная пресса; бульварная пресса; «желтая» пресса
тираж
телевидение
телеканал
телепрограмма

1.2 **Прочитайте текст 1 о СМИ в новой России. Обратите внимание на стиль статьи, анализирующий и резюмирующий ситуацию.**

ТЕКСТ 1
КРИЗИС «НОВОЙ ЖУРНАЛИСТИКИ» В РОССИИ

Пресса — зеркало общества. По ее состоянию можно судить о его состоянии. В ходе перестройки и после принятия Закона о печати в России произошли серьезнейшие изменения в сфере журналистики. Цензура упразднена. Впервые была провозглашена и реализована гласность. Резко возросла общественная роль прессы. Она становится гарантом гласности, инициатором многих перемен, катализатором начавшихся политических и экономических реформ. О прессе говорят как о четвертой власти. Подлинной власти у нее, конечно, нет, но СМИ выполняют функцию выразителя общественного мнения, контроля власти, критики ее ошибок.

В конце 80-х–начале 90-х появляются впервые новые типы изданий — деловая пресса, развлекательная, эротическая, национальная. Возникает «новая журналистика» и «новый журналист» как передатчик, транслятор информации. Однако в считанные годы на наших глазах начался и углубился кризис «новой» печати. Он носит системный характер, охватывает большинство периодических изданий. Первым симптомом этого кризиса является резкое падение профессионального уровня большинства периодических изданий, огромное количество ошибок и ляпов — фактических, смысловых, стилистических и др. Причина этого — снижение профессионализма журналистов, неумение руководителей редакций организовать работу коллектива. Для «новых журналистов» стали характерны нарушения норм журналистской этики — публикация лживых сообщений, аморальность, пропаганда секса, вторжение в частную жизнь людей.

Характерная черта «новой журналистики» — ее возрастающая безликость. В ней теперь почти нет громких имен — они остались в прошлом.

Кризису, несомненно, способствовали возникновение информационного рынка, давление экономического фактора. Оказалось, что на место прежней партийной цензуры пришла новая — экономическая, редакционного менеджера или самоцензура автора, рассматривающих любое печатное или эфирное выступление с позиций его выгод или невыгод для издания.

Кризис печати приводит к изменению положения прессы в обществе в целом. Вместо стабилизирующего воздействия на его жизнь она стала все чаще играть дестабилизирующую роль.

Однако будем объективны. Нельзя отрицать и достижений «новой журналистики». Она несравненно оперативнее прежней, информация разнообразная и лучше соответствует усложнившейся стратификации российского общества. «Новые журналисты» свободнее и смелее своих предшественников, ради информации они подчас рискуют не только своей репутацией, но и жизнью. В результате журналистика стала одной из опаснейших профессий. Несмотря на серьезные недостатки, современная пресса остается в России реальной силой.

(«Бакалавр», №5, март 1995 г.)

1.3 **Поскольку это описательный, «статичный» текст, в нем преобладают имена существительные и именные словосочетания. Характерно обилие устойчивых клишированных словосочетаний, типа:**

в ходе перестройки
принятие закона
закон о печати
произошли изменения
серьезные изменения и т.п.

Прочитайте текст 1 еще раз и, выбирая устойчивые словосочетания, продолжите начатый выше список.

2 ПИШЕМ, ИЗУЧАЕМ ГРАММАТИКУ

2.1 **Выпишите из текста все предложения, в которых употреблены различные степени сравнения прилагательных и наречий. Определите, в какой степени сравнения употреблены данные прилагательные.** (Wade, §176–89)

2.2 **Образуйте сравнительную и превосходную степени от следующих прилагательных:**

дешевый
старый
сухой
дорогой
хороший
плохой
тонкий
сильный
красивый
горький

2.3 **Придумайте свои предложения с прилагательными в положительной, сравнительной и превосходной степенях. Используйте слова из предыдущего упражнения.**

Образец:

1. Эта книга такая же интересная, как и та, которую я читал раньше.
2. Эта книга интереснее, чем та, которую я читал раньше.
3. Эта книга гораздо интереснее, чем…
   Эта книга более интересная, чем…
   Эта книга менее интересная, чем…
4. Эта книга — самая интересная из всех, которые я читал.

2.4 **Раскройте скобки, употребив имена прилагательные в нужной форме. Вспомните падежные окончания, краткие и полные формы, степени сравнения.**

«СЕРЕБРЯНЫЙ ДОЖДЬ» ДЛЯ АРИСТОКРАТОВ ДУХА

Радио куда (демократичный) телевидения — «царя и бога» (прошлый) лет. Ведь радио можно слушать всегда и везде: дома, на работе, в машине, даже на улице — был бы в плейере приемник. Неудивительно, что «новое поколение выбирает» именно его.

Для (молодой) и был создан (прошлый) летом ныне (знаменитый) «Серебряный дождь» — радиостанция с (романтический) названием и не менее (романтический) историей. Для того, чтобы песня пошла в эфир, она должна быть не просто (популярный), но по-настоящему (хороший). «Серебряный дождь» избавит вас от (попсовый) дешевки, зато вы сможете услышать (последний) (зарубежный) хит, (любимый) (детский) песенку или что-нибудь (новый) и (оригинальный).

Согласно исследованиям, время (непрерывный) прослушивания «Серебряного дождя» в среднем составляет 216 минут в сутки — это второй результат после «Радио России». Причины такого успеха не только в (мощный) (рекламный) кампании и качестве программ, но и в том, что здесь точно знают, для кого работают. Аудитория «Серебряного дождя» — это (молодой) люди и девушки, прочно стоящие на ногах, (ответственный), (деловой), с чувством юмора и (хороший) вкусом. Они довольно обеспечены (что при (многочисленный) качествах неудивительно!) и весьма (образованный): по опросам каждый третий слушатель — с (высшее) образованием. Своих слушателей создатели станции окрестили «(серебряный) молодежью».

(«Разгуляй», апрель 1996 г.)

2.5 Обратите внимание на некоторые слова из молодежного слэнга, которые встретились вам. Постарайтесь определить их значения, не прибегая к помощи словаря. По-видимому, это не будет для вас очень сложно.

2.6 Измените данные в скобках существительные, употребив их в нужном числе и падеже.

«НАДЕЖДА» — ЭТО СОСТОЯНИЕ ДУШИ

«Надежда» — первая женская независимая (радиостанция).

— Почему вы пришли к (идея) (создание) собственной женской (радиостанция)?

— Потому что на ТВ и (радиовещание) (начальник) являются (мужчина), а они во главу угла ставят (политика) и (экономика), но никак не домашний (очаг). А ведь это так важно — сохранить (семья). Потому что (мир) в (страна) начинается с (мир) в (душа). Вот мы и хотим нашими (передача) успокоить (душа), помочь тем, кому плохо, одиноко.

(«Аргументы и Факты», февраль 1994 г.)

2.7 Переведите следующий текст на английский язык:

Иностранца, вздумавшего расслабиться у телевизора в России, непременно настигает состояние дежа вю — в знакомых до боли интерьерах разворачиваются знакомые шоу. Взять хотя бы «Добрый вечер» с Угольниковым на РТР и его прародителя «Вечернее шоу» с Джеем Лено на NBC.

Стив Розенберг, Би-би-си: — Когда я смотрю «Добрый вечер» — вижу, что это не русская передача. Даже декорации напоминают Америку.

«Час пик» — это шоу Ларри Кинга, но на русском языке. На CNN все так же — звонки в студию, беседы с известными людьми, имидж ведущего.

«Проще простого» в таком же точно виде существует в Америке («Крестики-нолики») и в Англии («Известные квадратики»). Там тоже два игрока, ведущий и известные люди, которые отвечают на вопросы ведущего.

Название «Партийная зона» было перенесено из американской передачи «Party zone», построенной по принципу музыкальной развлекательной вечеринки.

Одинаковые шоу существуют в разных странах, но обязательно учитывают местную специфику.

Стив Розенберг, Би-би-си: — У вас передачи копируются без учета интересов русских телезрителей. Нельзя просто взять западную идею, посадить в России и думать, что вырастет прекрасное дерево. Когда я приехал в 88-м году в Россию и смотрел телевидение — все отличалось от Запада. И по стилю, и по манере. А теперь русское ТВ все больше становится похоже на западное.

С каждым шоу на Западе работает крепкая команда психологов. Учитывается все: время показа, аудитория, личность ведущего. У нас же при создании программ учитывается только одно: сколько денег и технических возможностей есть у канала.

Правда, кое-куда российскую специфику все же привнесли. В криминальных передачах нас балуют невиданным натурализмом. Те горы трупов и моря крови, что показывают, например, в «Дорожном патруле», не пройдут ни по каким критериям цензуры за границей. Одна из западных телекомпаний даже делала репортаж о безумном количестве «чернухи»* на русском ТВ, который назывался «Труп к завтраку». На Би-би-си передачи с криминальной тематикой имеют периодичность раз в месяц. У нас — каждый день.

(По материалам газеты «МК» от 20 ноября 1997 г.)

*   «чернуха» — что-то очень плохое, представленное в «черном» цвете

3 ОБСУЖДАЕМ ПРОБЛЕМУ, ОБМЕНИВАЕМСЯ МНЕНИЯМИ, ВЫСКАЗЫВАЕМ СВОЮ ТОЧКУ ЗРЕНИЯ, ПРОСТО ГОВОРИМ...

3.1 **Просмотрите еще раз текст 1 «Кризис новой журналистики» и постарайтесь ответить на следующие вопросы:**

1. Понравилась ли вам эта статья? Почему?
2. Дает ли она, по-вашему, четкое представление о современной российской прессе? Почему вы так думаете?
3. Какие основные тенденции отмечает автор в сфере СМИ в России?
4. Каковы причины кризиса «новой» печати?
5. В чем, по-вашему, сходство и различие российской и британской прессы?

3.2 **Прокомментируйте следующие утверждения:**

1. Пресса — зеркало общества.
2. Пресса становится катализатором политических и экономических реформ.
3. Вместо стабилизирующего воздействия на жизнь общества пресса стала все чаще играть дестабилизирующую роль.
4. Журналистика в России стала одной из опаснейших профессий.

3.3 **Как вы думаете?**

1. В статье говорится: «о прессе говорят как о четвертой власти». Какие еще три власти имеются в виду?
2. Нет ли противоречий в этих двух утверждениях, взятых из текста:
   а) « ...реальной власти у нее (прессы), конечно нет».
   б) « ...современная пресса остается в России реальной силой».

3.4 **Вернитесь еще раз к текстам упражнений 2.4 и 2.6. Постарайтесь ответить на следующие вопросы:**

1. Какие передачи звучат на волнах «Серебряного дождя»? «Авторадио»?
2. Могут ли деловые люди быть романтичными (как это можно понять из текста)?
3. Действительно ли радио демократичнее телевидения?
4. Действительно ли важно сохранять семью в любой ситуации?
5. Верно ли это, что мир в стране начинается с мира в душе?
6. Понравилась ли вам идея создания женской радиостанции?
7. Какая радиостанция (по описанию) понравилась вам больше всего?
8. Есть ли у вас любимая радиостанция и/или любимая передача?
9. Часто ли вы слушаете радио? Почему?
10. Что вы предпочитаете: слушать радио или смотреть телевизор?

3.5 **Как вы понимаете выражения:**

царь и бог?
прочно стоять на ногах?
окрестить «серебряной молодежью»?
ставить во главу угла?
домашний очаг?

4 СЛУШАЕМ, ГОВОРИМ...

4.1 **Прослушайте запись текста об авторадио. Слушая, ставьте буквы В (верно) или Н (неверно) в клеточках рядом с каждым утверждением:**

В Москве появилось и продолжает появляться много новых радиостанций. ☐
«Авторадио» — это одна из любимых москвичами радиостанция. ☐
Это радио — исключительно для тех, кто ездит на автомобиле. ☐
К сожалению, программы «Авторадио» не отличаются разнообразием. ☐
Вечером на волнах «Авторадио» звучат хорошо знакомые многим мелодии. ☐

АВТОРАДИО
(Текст для прослушивания)

В последние годы Москва, как и другие города нашей страны, переживает настоящий радиобум. Станций появляется много — хороших и разных. Разных, правда, больше, чем хороших. Но не все «разные» становятся хорошими, и не все «хорошие» становятся любимыми. Московской радиостанции «Авторадио» за три года удалось стать не просто хорошей, но и любимой.

Теперь уже невозможно представить жизнь автолюбителей без «Авторадио». Информация об автомобильных пробках и ситуации на дорогах, о работе городского транспорта и ценах на бензин — все это ежедневно звучит на волнах «Авторадио». Но если вы думаете, что это радио только для тех, кто за рулем, — вы ошибаетесь.

Каждую субботу в эфир выходит программа, адресованная детям и их родителям. Любители спорта с особым интересом слушают программу о футболе. Программа «Плещет волна» помогает добрым советом тем, кто мечтает отдохнуть вдали от дома. А что может быть лучше, чем интересный, откровенный разговор с актерами, певцами, композиторами, которые так часто бывают в гостях на «Авторадио»? Ну а вечером вы всегда можете отдохнуть душой под старые добрые мелодии радиоканала «Второе дыхание». Добавьте к этому правовой канал, концерты по заявкам в прямом эфире, игры, викторины... Обо всем не расскажешь, слушать надо!

4.2.а До того, как прослушать еще одну запись — о телевизионной научно-популярной программе «Очевидное — невероятное», расскажите:

— о своем отношении к телевидению
— о том, какую роль оно играет в вашей жизни
— как часто вы смотрите телевизор
— когда вы обычно его смотрите
— есть ли у вас любимые передачи
— как вы относитесь к образовательным программам

4.2.б Теперь прослушайте запись и постарайтесь ответить на следующие вопросы:

«ОН ВСЕ ГОВОРИТ ПРАВИЛЬНО»
(Текст для прослушивания)

Сергей Петрович Капица — единственный на нашем телевидении ведущий, который выходил и выходит в эфир со своей программой бессменно. Такие старожилы и ветераны ТВ как Сенкевич, Дроздов или Песков хоть на короткое время, но уходили, потом возвращались, а «Очевидное — невероятное» скоро уже четверть века у всех ассоциируется именно с Капицей.

— Сергей Петрович, вашей передаче скоро исполняется 25 лет. Расскажите, как для вас начиналось телевидение.

— Меня попросили провести две передачи для школьников о физике. Получилось что-то вроде рассказа и записывалось у меня дома. По-видимому, мое выступление обратило на себя внимание. Главный редактор научно-популярных программ Центрального Телевидения Жанна Фомина долго присматривалась ко мне и наконец попросила Лапина, всемогущего в то время председателя Гостелерадио, разрешения на то, чтобы я вел свою программу. Телевидение тогда было строго бюджетное, и Лапин ответил, что денег нет. Потом деньги нашли, и были сделаны две моих программы. Лапин позвонил Суслову в ЦК, так как, несмотря на всю свою власть, без главного партийного идеолога ничего не решалось. Основная проблема заключалась в том, что я был сыном Петра Леонидовича Капицы, которого власти не любили. Но Лапин обещал, что я никогда не буду касаться политики, а в заключение произнес ключевую фразу: «Он то, что надо». То, что надо, — это был как бы партийный пароль, и Суслов дал добро.

— Так вы никогда не касались политики?

— Конечно, касался. В 80-м году у меня вышла передача со знаменитым американским экономистом Василием Леонтьевым. Представляете, с рыночником, чуть ли не с антисоветчиком. Но ко мне все равно очень хорошо относились на телевидении.

— Действительно, все это кажется невероятным.

— Многие, в том числе и в руководстве, понимали, что нужно было говорить эти вещи. К тому же хотели выпустить пар: вместо того, чтобы ругать кремлевских геронтократов, у меня в передаче шел серьезный и квалифицированный разговор. В 84-м году, при Черненко, я снял для «Очевидного — невероятного» беседу с академиком Аганбегяном, где он говорил о том, что советская экономика идет к краху. Получился скандал, нам приписали идеологическую диверсию и разглашение государственной тайны. Но и мы были не лыком шиты, перед записью показали полный текст интервью руководству Госплана, где он был завизирован. Потом зампредседателя Гостелерадио Попов вызвал нас и отчитывал, как нашкодивших школьников. Закончив свою гневную тираду, он пошел нас провожать и вдруг похлопал меня по плечу и произнес: — Вы все правильно сказали.

— Бывало ли в вашей практике, что темы для передач заказывались непосредственно от власть предержащих?

— Да, было, но я сопротивлялся. Например, меня попросили рассказать о Джуне, которая лечила Брежнева, да и других членов Политбюро. Но я нашел способ отказаться, так как считаю, что об этом нельзя говорить в серьезной научно-популярной программе.

— Телевидение — искусство массовое. Вы изначально понимали, что говорить здесь надо понятным языком, опускаясь с заоблачных академических высот до среднестатистического зрителя?

— Мне кажется, что я работаю не столько для популяризации знаний, сколько для выработки общественного отношения к науке. Скажем, Нобелевский лауреат, который у меня выступает, говорит вещи, известные любому кандидату наук. Но из уст Нобелевского лауреата эти слова будут звучать весомее и значимее. Поэтому для меня был важен еще и масштаб собеседника.

— Все познается в сравнении. Что вы скажете о прошлом и нынешнем ТВ?

— Вы знаете, тот же Лапин и вся тогдашняя система, как это ни странно, мне доверяли. Да, была идеологическая цензура, однако, мне кажется, зачастую коммерческая цензура еще более жесткая. Человеческие позиции были ответственнее, и этика журналиста все-таки являлась не пустым звуком. Сейчас все размыто, и очень трудно предугадать, откуда может последовать удар.

(По материалам интервью с корреспондентом газеты «МК» Александром Мельманом. «МК» от 20 ноября 1997 г.)

УРОК 7

Праздники

1 ЧИТАЕМ И РАСШИРЯЕМ СВОЙ СЛОВАРНЫЙ ЗАПАС

1.1 Эти слова и словосочетания могут понадобиться вам при обсуждении данной темы:

праздник: любимый/веселый/всенародный/православный/святой праздник; отмечать/встречать/проводить праздник; готовиться к празднику; подготовка к празднику; праздник Победы
застолье: праздничное застолье; устраивать застолье
поверье: старинное поверье
ритуал: старинный/традиционный ритуал; соблюдать/совершать ритуал
традиция: старинная традиция; соблюдать/чтить/забывать/возрождать традицию
елка: новогодняя елка; наряжать елку
игрушка: елочная игрушка
хоровод: водить хоровод
подарок: праздничный/новогодний/рождественский подарок; дарить подарок
служба: церковная/пасхальная/рождественская служба; проводить службу
пост: Великий пост; соблюдать/нарушать пост
христианство: принимать христианство

православный: православный праздник/христианин
Первомай (Первое Мая): (ранее: День Международной солидарности трудящихся)
9 Мая = День Победы
годовщина: 52-ая годовщина Победы
история: история страны/народа
битва: историческая битва; битва за Москву
подвиг: героический/бессмертный/беспримерный подвиг; подвиг народа
ополчение: народное ополчение
защитник: защитник Отечества
ветеран: ветеран Великой Отечественной войны
орден: Орден Великой Отечественной войны/Боевого Красного знамени/Славы;
    кавалер трех Орденов Славы
герой: Герой Советского Союза
парад: парад Победы/ветеранов/на Красной площади
солдат: Могила Неизвестного Солдата

1.2 Образуйте прилагательные от следующих существительных:

праздник	сердце	православие
веселье	подарок	традиция
любовь	деньги	старина
внимание	пшеница	рождество
ритуал	встреча	пасха
объединение	привычка	библия
счастье	душа	народ
конкурс		

1.3.а Прочитайте текст 1 о Новом годе.

ТЕКСТ 1

Традиционно Новый год был одним из самых веселых праздников. Это и лихие катания на санях вокруг деревни, и песни с удалыми плясками порой по несколько дней, и многочисленные обряды и ритуалы, и, конечно, гадания.

Все это объяснялось не только природной тягой человека к веселью и отдыху, но и поверьем, идущим из глубины веков: если хочешь, чтобы наступающий год был благополучен, необходимо устроить ему радостную, приветливую встречу.

Особенное внимание уделялось праздничному застолью. Считалось, что совместная трапеза — это тот обряд, где человек раскрывает свою душу. Новый год — не только ритуал, вобравший в себя извечные человеческие ценности: веру в будущее, надежду на счастье, любовь к ближним, но и просто объединяющий всех праздник, на который собиралась вся деревня.

Праздники   81

О новогодних подарках. Им придавалось на Руси особое значение. Характерная черта народного понимания подарка — сочетание «пользы» и «любви». Вещь, подаренная «от чистого сердца», приносит счастье одариваемому, а подаренная с тайной злобой и нелюбовью к кому-либо, может навредить. Если первый день в году веселый и счастливый, то и год будет таков. И наоборот: если что-либо случилось на Новый год недоброе с человеком, то не отстанут от него неприятности в течение целого года. Кто на новогоднем празднике много чихает, весь год проживет счастливо.

Девушки в новогоднюю ночь одевались только во все новое и в продолжение дня считали необходимым несколько раз переодеваться, чтобы у всех всегда были обновы. Нельзя выполнять 1 января тяжелую и грязную работу — иначе весь год пройдет без отдыха, в сплошном тяжелом труде.

Со всеми долгами желательно рассчитаться за несколько дней до Нового года. Если будешь отдавать деньги непосредственно под праздник, то весь год будешь всем должен. Торговцы в первый день года отдают товар первому встречному покупателю по очень дешевой цене, памятуя о поговорке «дорог почин».

Хорошим тоном считалось давать друг другу по горсточке пшеничного зерна. Этим демонстрировалась не только взаимная доброжелательность, но и готовность выручить друг друга в случае нужды. Рано утром 1 января, еще затемно, маленькие дети вбегали в избы соседей, подбрасывая к потолку зерна и приговаривая: «Сею, посеваю, с Новым Годом поздравляю».

Многие обряды совершались в игровой форме. Выбирали двух человек, одного из них наряжали в старую, оборванную одежду — это «старый год», другого в добротную красную рубаху и новую шапку с кисточками — это «новый год». «Старого» везли на край деревни, вверх против течения реки, а молодого вниз. По дороге встречали Новый год: девушки помахивали платками, кидая их затем в реку. Ребята кидали вверх шапки и все кричали: «Приди, Новый год, с весельем и радостями, с большим богатством!» После этого поздравляли друг друга с праздником.

(«Экстра М», №1, январь 1995 г.)

1.3.б Запомните устойчивые словосочетания из текста, которые можно употреблять и в других контекстах:

веселый праздник	уделять особое внимание
радостная встреча	придавать особое значение
особое внимание	рассчитываться с долгами
праздничное застолье	выполнять тяжелую работу
вечные ценности	продавать по дешевой цене
человеческие ценности	пшеничное зерно
характерная черта	маленькие дети
целый год	дешевая цена
новогодняя ночь	хороший тон
тяжелая работа	испокон веков

1.4.а Прочитайте еще два коротких текста 2 и 3 о праздниках в России.

ТЕКСТ 2

По православному календарю масленица чаще всего приходится на конец февраля–начало марта. Значит, она зиму провожает и весну встречает.

Этот сезонный рубеж испокон веков стал основным мотивом праздника масленицы. Горячие блины символизировали солнышко красное, а соломенные чучела — его лучи.

Ах, какие устраивались застолья на масленицу! Московские трактиры и чайные в эти дни заманивали посетителей изо всех сил:

«С неделей сырной поздравляем
Мы дорогих своих гостей
И от души им всем желаем
Попировать повеселей.»

Денег никто не жалел. Русский человек будто душу отводил и поясок развязывал перед великим постом. Оттого и говаривали: «Сыр в масле катался — без гроша остался» или «Масленица объедуха, деньгам приберуха».

В канун праздников затевалось строительство арок-ворот, балаганов, качелей и замысловатых горок, всяких своих «дисней-лэндов». Семи холмов не хватило! Не зря в Америке головокружительный аттракцион «Русскими горами» называли.

А в наши годы эпицентром веселого народного праздника в Москве становится музей-усадьба «Коломенское». Здесь поставили целью возродить старомосковские традиции семейного отдыха.

Все начнется в полдень 13 марта. По коломенским площадям да полянам отправится масленичный поезд из разряженных санных упряжек. Масленицы без блинов не бывает, а здесь они будут конкурсные. Бабушки приглашаются на соревнование: чьи блины вкуснее. Печь будут на открытом воздухе и столы для дегустации поставят прямо на снегу. Будут жюри, призы.

Но, главное, конечно, выступления артистов. Программа на редкость богата. Гвоздем масленицы станет выступление четвероногих артистов из цирка «Медвежьи забавы». И что замечательно: во всех действах, москвичи — не зрители, а участники.

(«Вечерняя Москва», март 1994 г.)

ТЕКСТ 3

Вот уже тысячу лет с момента принятия христианства на Руси каждый год отмечают радостный праздник Пасху — Воскресение Христово. Это самый великий день для православных христиан. Так почему же Пасху у нас именуют «Праздником праздников»?

Почти 2 000 лет назад в Иерусалиме был осужден и несправедливо распят на кресте, на горе Голгофа (лобное место), богочеловек Иисус Христос — Сын Божий. Ему шел 33-й год. Через три часа мучений на кресте его земная жизнь окончилась. Его мать Мария с подругами и двумя учениками, сняв тело с креста и завернув его в плащаницу, похоронили его в новой пещере-гробнице, привалив к входу огромный камень. Этот день был пятница. На третий день женщины принесли к гробу мирру, чтобы умастить тело благовониями. Однако гроб был пуст, а рядом на камне, сияя белыми одеждами, сидел ангел. «Что вы ищете живого среди мертвых, — сказал он. — Иисус Христос воскрес к вечной жизни.» И действительно. Он вновь появился к ученикам и проповедовал еще 40 дней. Затем вознесся на Небеса.

Воистину страшные муки во искупление грехов человеческих принял Сын Божий на кресте, а воскресением своим указал путь к бессмертию и спасению, даровал нашим душам жизнь вечную. Случилось же это после пятницы «в третий день по Писанию». С тех пор на всей планете день этот именуют воскресеньем.

Христианская Пасха — Воскресение Божие — стала радостным праздником бессмертия. Отмечается она в первое воскресенье после дня весеннего равноденствия. В России в апреле начинает уже пригревать солнышко, тает снег, бегут ручьи, возвращаются перелетные птицы. В этот день кончается и семинедельный пост (символ скорби за перенесенные Христом муки).

К Пасхе всегда готовятся заранее, украшают жилье, дворцы, улицы. Как символ вечной жизни проращивают на подоконнике зерна пшеницы, шьют новые наряды.

Особое внимание уделяют праздничному столу. Готовят из творога сладкую «пасху». В радостные цвета небесной радуги красят яйца. Пекут сдобные куличи. И все это с молитвой освящается в храме.

В 12 часов ночи начинается в церкви пасхальная служба. Это величественный, прекрасный ритуал. Наутро люди поздравляют друг друга, дарят подарки, целуются: «Христос воскрес!» — «Воистину воскрес!» В пасхальные дни обязательно навещают могилы родных и близких. В этот день души усопших всегда с нами на великом празднике жизни.

1.4.б Придумайте заголовок к каждому из них.

1.4.в Сравните стили изложения. Выпишите те элементы языка, которые наиболее характерны для разговорного простонародного языка и те, которые характеризуют традиционный канонизированный церковный стиль. Какой стиль преобладает в этих двух текстах?

1.5.а Прочитайте еще один текст.

ТЕКСТ 4
ГЛАВНЫЙ ТОСТ — ЗА ДОБЛЕСТНЫХ ФРОНТОВИКОВ

После парада на Красной площади в Государственном Кремлевском дворце состоялся торжественный прием. За доблестных фронтовиков — ветеранов Великой Отечественной войны провозгласил на нем тост Президент России Борис Ельцин. От имени всех россиян он передал земной поклон тем, кто в мае 1945 года спас человечество от гитлеровского рабства. Для россиян нет праздника дороже, чем день Великой Победы, подчеркнул президент.

А накануне 51-й годовщины Победы, утром 8 мая, Президент России Борис Ельцин и председатель правительства Виктор Черномырдин возложили венки к могиле неизвестного солдата у Кремлевской стены. В

Праздники 85

этой церемонии приняли участие члены правительства и представители администрации президента. Президент также выступил с телевизионным обращением к гражданам России по случаю Праздника Победы.

В тот же день в Кремле Президент Российской Федерации встретился с Героями Советского Союза и полными кавалерами ордена Славы. Главный урок, отметил он, выступая перед ними, состоит в том, что Победа стала возможной только благодаря единению людей, которое нам жизненно необходимо и сейчас. Нам, как воздух, нужны сегодня — обратился к фронтовикам президент — ваш опыт и ваша мудрость.

К миру и согласию друг с другом во имя укрепления нашего Отечества-России и решения стоящих перед страной труднейших проблем призвал в канун праздника Победы всех россиян Святейший Патриарх Московский и всея Руси Алексий Второй.

По его мнению, решить эти трудные задачи можно только вместе, сообща, в единстве, не разделяясь ни по политическим взглядам, ни по национальному признаку, ни по вероисповеданию.

По-особому торжественно и приподнято прошел светлый, величественный день Победы во многих других городах и селениях России.

1.5.б **Обратите внимание на обилие устойчивых словосочетаний, характерных для стиля официальных отчетов о торжественных церемониях. Выпишите отдельно словосочетания:**

    а)   атрибутивные (прилагательное + существительное)
    б)   именные (существительное + существительное — с предлогами и без)
    в)   глагольные (глагол + существительное — с предлогами и без)

Образец:

а) торжественный прием; б) парад на Красной площади; в) состоялся прием

1.6 Представьте себе, что вы — историк, работающий в архивах. Вам попалась газета «Правда» от 7 ноября 1975 года. Каким могло быть краткое сообщение о праздновании дня Великой Октябрьской социалистической революции в Москве? Напишите ваш вариант, используя выбранные из текста клише.

2 ПИШЕМ, ИЗУЧАЕМ ГРАММАТИКУ

2.1.а Выпишите из текста все условные предложения с «если». Сравните их. Чем они отличаются?

2.1.б Перефразируйте следующие предложения, сделайте их условными предложениями с «если»: (Wade, §304–305, 402)

1. Вещь, подаренная от чистого сердца, приносит счастье, а подаренная с тайной злобой, может навредить.
2. Кто на новогоднем празднике много чихает, весь год проживет счастливо.
3. Девушки считали необходимым несколько раз переодеваться в течение дня, чтобы у них всегда были обновы.
4. Нельзя выполнять 1 января тяжелую работу — иначе весь год пройдет без отдыха.
5. Считалось, что на Рождество силы небесные исполняют все задуманное, но с условием, чтобы желания были добрые.

2.2 Из текста 1 выберите все причастия и заполните следующую таблицу, поставив их в именительном падеже. (Wade, §339–80)

Действительные причастия		Страдательные причастия	
наст. время	прош. время	наст. время	прош. время

2.3.а Заполните пропуски прилагательными и причастиями в нужном числе и падеже.

В ночь на 7 января весть о рождении Иисуса Христа разнесут колокола (православный) церквей. В Москве первым по традиции подает «голос» звонница Ивана (Великий). В (Богоявленский) (кафедральный) соборе (ночной) службу проводит Патриарх Московский и всея Руси Алексий Второй вместе с иерархами (Русский) (Православный) Церкви.

Как свидетельствует история, праздник Рождества Христова на (православный) Востоке был установлен 25 декабря по (старый) (Юлианский) календарю в четвертом веке нашей эры императором Аркадием и (святой) Иоанном Златоустом. Переход на время по (Грегорианский) календарю, (осуществленный) большевиками в 1918 году, спутал весь (установленный) порядок.

В старину подготовка к празднику начиналась в (последний) (предрождественский) неделю. Вечерами вся семья клеила игрушки на елку, красила в серебро и золото орехи. Особой радостью было изготовить (Вифлеемский) звезду, которая должна была увенчать (лесной) красавицу.* Репетировали также «(живой) картины» на (библейский) сюжеты, готовили костюмы, устраивали елки с подарками для (бедный) детей.

В (рождественский) Сочельник, (последний) день перед праздником, наряжали елку, готовили (праздничный) стол.

Когда часы били полночь, вся семья собиралась у елки в гостиной, поздравляя друг друга и обмениваясь подарками. Надо ли говорить, что в (волшебный) ночь даже (взрослый) загадывали желания. Ведь считалось, что на Рождество небо раскрывается

Праздники 87

земле и силы (небесный) исполняют все (задуманный). Но с условием, чтобы желания были (добрый).

На (следующий) день начинались Святки — двенадцать (святой) дней, (длящийся) до праздника Крещения. На Руси было принято проводить Святки не только весело, но и в любви и согласии с (близкий). Предки наши ездили по домам и поздравляли (близкий) с праздником.

Искусство тоже не остается (равнодушный) к (рождественский) праздникам, и сейчас в столице проводятся фестивали «Рождество в (старый) Москве». В церквах (Святой) Варвары и (Святой) Троицы в Никитниках можно слышать мелодии Алябьева, Вивальди, Боноччини в исполнении (столичный) ансамбля (старинный) музыки. А завершается все концертом в зале имени Чайковского 25 января.

(«*Вечерний клуб*», 5 января 1995 г.)

*   лесная красавица — новогодняя елка

2.3.б В тексте были случаи употребления субстантированных прилагательных и причастий (т.е. употребляющихся в функции существительного). Найдите их и обратите внимание на их употребление.

2.4.а Обратите внимание на порядок слов в некоторых предложениях в приведенном ниже тексте. Выпишите предложения с «инвертированным» порядком слов.

Взрослые по-разному относятся к Новому году. Для многих это грустный праздник: как и день рождения, он прибавляет годы и еще раз напоминает о стремительном полете времени. Но дети — что им наши скучные, надуманные проблемы? Они ждут праздника и, как герои любимых сказок, мечтают о чуде.

Московский областной Дом искусств в Кузьминках второй день гудит, словно улей. Здесь царит традиционная новогодняя суета. Разрумяненный Дед Мороз со Снегурочкой добродушно улыбаются гостям. Свисают клочья серпантина и елочной мишуры, а горы конфетных фантиков озадачивают уборщиц своей неиссякаемостью. Кружатся бесконечные хороводы — привычный антураж новогодней елки. Только вот хороводы здесь — не совсем обычные, не больно-то шустрые.

Потому что в гости сюда приглашены дети-инвалиды и воспитанники подмосковных детдомов — те, в чьей жизни так редко выдается настоящий праздник.

Департамент соцзащиты и Управление по детству администрации Московской области не забыли детей, для которых добрые папа с мамой никогда не спрячут под елкой огромного плюшевого медведя, детей, которые не угонятся за своими сверстниками в бесконечных праздничных играх. Но разве меньше блестят их глаза, иначе звенит смех, не таким безудержным восторгом светятся детские лица?

Праздник всегда остается праздником. И только тем, кто забыл о сказке, кажется, что здесь происходит благотворительная акция.

(«МК», №2, январь 1995 г.)

2.4.б Переведите текст на английский язык.

2.5.а Заполните пропуски существительными в соответствующем падеже (в скобках дана форма именительного падежа):

СКОЛЬКО ЖИЗНЕЙ УНЕСЛА ВОЙНА

(Вопрос) о людских (потери) Советского (Союз) в Великой Отечественной (война) по сей день остается открытым. Пока относительно точно подсчитаны лишь безвозвратные (потери) среди военнослужащих. Но погибшие на поле (бой) и умершие в (госпитали) — это лишь меньшая часть от общего (число) человеческих (жизни), которые унесла (война).

Впервые «официальная» (цифра), обобщившая, как считалось, все (потери) СССР в Великой Отечественной (война), была приведена в (февраль) 1946 года И. В. Сталиным. Согласно его (слова), опубликованным в (журнал) «Большевик», « ... в результате немецкого (вторжение) Советский Союз безвозвратно потерял в (бои) с (немцы), а также благодаря немецкой (оккупация) и (угон) советских (люди) на немецкую (каторга) — около 7 млн. человек». Почему была названа именно эта (цифра) — понять трудно, однако само (стремление) ее занизить объяснить можно: началась «холодная (война)», и советское (руководство) явно пыталось скрыть от проницательных (союзники) — к тому времени уже бывших — реальные (масштабы) (ущерб), нанесенного (страна).

В начале 1961 (год) Н. С. Хрущев сделал достоянием мировой общественности иную (цифра), указав, что (война) «унесла два десятка (миллионы) (жизни) советских (люди)». Хотя и эта (цифра) с (труд) поддается научному (обоснование), она почти на четверть (век) стала хрестоматийной, войдя во все научные (работы) и художественные (произведения).

Сейчас называется (цифра) около 50 млн. Каковы были потери на самом деле — это еще предстоит уточнять (историки-демографы).

Пока ясно одно: (потери) гражданского (население) оказались почти вдвое выше боевых (потери) Вооруженных (Силы) СССР.

(«Аргументы и Факты», май 1995 г.)

2.5.б Выпишите наречия, субстантивированные прилагательные и причастия.

2.6.а Заполните пропуски глаголами в нужной форме:

О ПАВШИХ ЖИВЫХ

Кое-чему Великая Отечественная нас, конечно, (научить). И военачальники (появиться). И (воевать) по-настоящему к концу войны наша армия стала. И пушки — танки — самолеты наши были к концу не ниже «мировых стандартов». И люди: Гастелло, Матросов, Покрышкин, Кожедуб, Сивков, Маринеско... Жаль, из уроков войны не (усвоить) мы главного: принципиальные пороки системы управления обществом уже тогда (требовать) иного подхода к проблеме взаимоотношений государства с народом. Именно от этого — и не от чего другого — икается нам и сегодня.

Не думаю, что важнее всего (быть) к сроку (завершить) мемориал на Поклонной горе да (сшить) к параду костюмы для ветеранов. Видно, показуха — это у нас в крови, кто бы нами ни (править). И все же праздник — для народа — (состояться) должен. Ведь это он, народ, в конце концов (победить) в Великой Отечественной. Он своей грудью (закрыть) свои амбразуры. Он дорогой ценой (заплатить) за все огрехи и ошибки управителей.

Мы (праздновать) сегодня День Победы «со слезами на глазах». Пусть (быть) пухом земля павшим! А жизнь уцелевших в той страшной, ныне уже далекой войне пусть (быть) хоть чуть-чуть достойнее.

(«Аргументы и Факты», май 1995 г.)

2.7 Переведите на английский язык:

С ПРАЗДНИКОМ, ДОРОГИЕ ВЕТЕРАНЫ!

Наступила 51 годовщина победы советского народа в Великой Отечественной войне. День Победы был и остается святым праздником для всех, кто не отделяет себя от истории и судьбы своей страны, своего народа.

Великая беда пришла на нашу землю в 41, война унесла многие миллионы жизней. Разрушались города, горели деревни, исчезали навсегда ценности культуры. Неисчислимые страдания выпали на долю людей. Но это жестокое время стало и временем высокой силы духа, стойкости и самопожертвования во имя Родины.

Я очевидец тех событий. И хотя был еще ребенком, — помню многое. Как было тяжело всем. Голод. Холод. Похоронки.* И, конечно, помню День Победы — тот ни с чем не сравнимый, самый первый праздник, соединивший слезы радости и слезы горя.

На всех фронтах Великой Отечественной сражались сыны и дочери Московского университета.

Осенью 41-го в исторической битве за Москву, они — студенты, преподаватели, сотрудники — стояли насмерть вместе с другими бойцами народного ополчения. Сколько из них, погибших на подступах к столице, — да разве только там — могли бы стать гордостью нашей науки, своим трудом, своим талантом сделать нашу жизнь лучше...

С полей сражений не вернулось в МГУ более двух с половиной тысяч человек. Бессмертный подвиг защитников Отечества, павших и живых, навсегда вошел в историю.

В годы войны Московский университет продолжал жить. Ученые МГУ приближали победу, решая важные оборонные задачи. Не прекращались и исследования в сфере фундаментальной науки. Огромный вклад в развитие университета, в достижения всей отечественной науки внесли фронтовики.

Все меньше остается участников и ветеранов труда Великой Отечественной войны. Уходит из жизни старшее, заслуженное поколение. Его подвиг будет жить в веках.

Мы не забываем ветеранов, всегда проявляем и будем проявлять заботу о них. Пусть их старость будет более легкой. И пусть не будет печали на их лицах.

Наш низкий поклон славным героям.

(«Московский университет», май 1996 г.)

* похоронка — официальное письмо от военного командования с извещением о гибели солдата на фронте. Присылалось на домашний адрес семьи погибшего.

Праздники 91

3 ОБСУЖДАЕМ ПРОБЛЕМУ, ОБМЕНИВАЕМСЯ МНЕНИЯМИ, ВЫСКАЗЫВАЕМ СВОЮ ТОЧКУ ЗРЕНИЯ, ПРОСТО ГОВОРИМ...

3.1 Вы познакомились с праздниками, которые отмечаются в России. Многие из них пришли из глубокой древности, другие — относительно новые. Скажите:

1. Какие праздники традиционно отмечались и отмечаются на Руси? в вашей стране?
2. О каких советских праздниках вы слышали?
3. Как вы думаете, после распада СССР и установления демократии, появились ли в стране новые праздники? перестали праздноваться прежние?
4. А как в вашей стране? Сколько праздников в году отмечаете вы?
5. Дарят ли в вашей стране подарки на праздники?
6. Есть ли в вашей стране светские праздники? религиозные? Каких праздников больше?
7. Какой главный религиозный праздник в России и в вашей стране? Чем они похожи и чем отличаются?
8. Как вы думаете, масленица на Руси — это светский или религиозный праздник? Что отличает ее от других праздников? Есть ли в вашей культуре подобное явление?
9. Какой из русских праздников вам нравится больше всего и почему?
10. Как по-вашему, есть ли у русских общие праздники с другими народами?
11. Какой ваш любимый праздник и почему?

3.2.а В России отношение ко Второй Мировой войне (1939-45 гг.) особое. Она называется Великая Отечественная война. Почему? Совпадают ли годы Великой Отечественной войны с годами Второй Мировой?

3.2.б Прошло уже более полувека, но память о войне еще очень свежа в России. Какое место занимает Вторая Мировая война в жизни народа вашей страны? Однозначно ли относятся к ней люди?

3.2.в Считаете ли вы правильным поддерживать память в народе о давно прошедших событиях истории?

3.3 Просмотрите еще раз текст упражнения 2.6 «О павших живых». Согласны ли вы во всем с мнением, которое в нем выражено?

3.4 Многих война опалила в 17-18 лет, сразу после школьного бала, другие уходили на фронт отцами семейств. Но и самым молодым сейчас уже далеко за 70. Как живут ветераны? Воспоминаниями о своих героических днях или об обидах,

непонимании, неуважении? Вот два письма из множества других, которые ветераны прислали в газету «Вечерняя Москва». Прочитайте их:

«Летом 1994 года я купил в магазине «Зенит» импортный телевизор без гарантии. Пошел на риск: стоил он значительно дешевле мне, пенсионеру, инвалиду войны, и эту сумму с трудом удалось собрать. Через месяц телевизор испортился. Я обратился в компанию с просьбой помочь мне. Президент компании дал указание, и через несколько дней мне привезли новый телевизор. А когда через некоторое время ухудшился звук, я снова позвонил президенту компании г-ну Степанову. Приехал ко мне домой мастер и устранил дефект. Работу сделали без волокиты, качественно, бесплатно и очень вежливо. Вот если бы все фирмы так обслуживали покупателей!

С уважением, К.Берман.»

«Более четверти века не теряю связи с «Вечеркой»,* она часть моей духовной жизни. В связи с празднованием 50-летия Победы предоставили мне однокомнатную квартиру в новостройке Люблинское поле, на окраине Москвы. Стоял я в очереди 10 лет. Но переехать не могу, нечем заплатить за транспорт для переезда на новую квартиру и двух грузчиков. Родных у меня нет, не осталось друзей, которые могли бы оказать мне помощь. Сбережения, которые откладывал, обесценились и проедены. Так я со старушкой оказался в безвыходном положении, и не к кому нам обратиться. Это вынуждает нас отказаться от долгожданного жилья и оставаться в опасной для жизни коммуналке.

За все перестроечные, реформенные годы никогда не пользовался ни милосердной, ни гуманитарной помощью. Ввиду создавшегося положения очень вас прошу: помогите мне, слепому, хотя бы советом.

С уважением и благодарностью, И.Максимов.»

* «Вечерка» — неофициальное очень широко распространенное название газеты «Вечерняя Москва».

Как вы считаете, достойно живут ветераны?

Если бы вы были президентом, что бы вы сделали для ветеранов?

4 СЛУШАЕМ, ГОВОРИМ...

4.1 **Прежде чем прослушать запись текста еще об одном празднике — Первомае, ответьте на следующие вопросы:**

1. Что вы знаете о праздновании Дня Первого мая в России?
2. Отмечается ли традиционно Первомай в вашей стране? Если да, то с чем ассоциируется этот праздник?

Праздники 93

4.2 Прослушайте текст один раз и ответьте на вопросы:

1. Как официально назывался День Первого мая в Советском Союзе?
2. Что люди должны были делать обязательно?
3. Чем непременно отмечался этот праздник?
4. Изменилось ли отношение к этому празднику в постперестроечные времена? Официально? Неофициально?
5. Чем обычно люди занимаются первого мая?

4.3 Вам предлагается прослушать еще одну запись. Этот текст посвящен Великой Отечественной войне. Он называется «Право на память». Прослушайте его. Слушая, делайте свои заметки. Особое внимание уделите числительным.

4.4 Просмотрите список слов и выражений, которые встречаются в тексте. Значения некоторых из них объяснены для вас:

НКВД — Народный Комиссариат Внутренних Дел (ранее ЧК — чрезвычайная комиссия, а впоследствии КГБ — Комитет государственной безопасности. В настоящее время преобразован в ФСБ — Федеральная служба безопасности)

штрафной батальон — от «штраф» — наказание за проступок

политуправление — политическое управление — особое подразделение, стоявшее над военным командованием и осуществлявшее идеологический партийный контроль. На местах этот контроль осуществлялся комиссарами

4.5 Прослушав текст во второй раз, ответьте на следующие вопросы:

1. Сколько советских военнослужащих оказалось в немецких лагерях для военнопленных?
2. Сколько вернулось оттуда после войны?
3. Сколько из них было направлено в действующие части?
4. Сколько военнослужащих прошли штрафные батальоны и роты?
5. Сколько из «пропавших без вести» остались живы?
6. Когда Сталин подписал указ о штрафных батальонах?
7. Сколько человек было задержано по этому приказу?
8. Сколько из них бежало с поля боя?
9. Сколько вышло из окружения и плена?
10. Сколько человек отстало от своих частей?
11. Сколько из них было:
    — направлено в штрафные роты?
    — в спецлагеря?
    — в пересыльные пункты?
    — расстреляно?
    — расстреляно перед строем?
12. Сколько советских военнослужащих было приговорено к расстрелу во время войны?

ТЕКСТ 1
ТЕКСТЫ ДЛЯ ПРОСЛУШИВАНИЯ

А все-таки раньше гораздо проще было жить — так ведь? Вот, скажем, День международной солидарности трудящихся. Все с ним было ясно. Прежде мы всегда писали слово «Первомай» с большой буквы: знали, что утром будет демонстрация, за участие в которой на работе почти наверняка подкинут отгул, а вечером под непременный телеконцерт можно будет хряпнуть за здоровье любимых вождей и всеобщее благоденствие. Нынче же, понимаешь, никакой с Первым мая определенности! Праздник, к примеру, это или не праздник? Если праздник, то «красный» или нейтральный? Как он теперь точно называется? По-прежнему ли пишется с прописной или «разжалован» до строчной? И что, наконец, должен делать добропорядочный гражданин, страстно желающий шагать с эпохой в ногу? Дабы помочь вам, уважаемые слушатели, хоть как-то определиться со статусом нового Первомая, мы попросили нескольких известных и популярных людей рассказать, как они относятся к этому «красному дню календаря» и как его провели.

Маша Шукшина, дочь и актриса:

— Для меня Первое мая не праздник труда или весны, а каникулы. Раньше — мои, а теперь — Анины, дочкины. Это еще один день, когда можно не вставать рано. В этом году мы ездили к друзьям на дачу, на шашлычки. Вообще мы всю жизнь старались провести эти дни на природе: когда была дача — на даче, когда приглашали друзья — у друзей, а иногда вовсе — дикарями. Своего рода маевки. Когда я училась в институте, то посещала демонстрации — не добровольно, конечно, а в порядке общественной нагрузки. Ходила, а что было делать. Воспоминания об этом остались жуткие. По телевизору, конечно, смотрела всегда, но не специально, а так, делаешь чего-нибудь на кухне, ну и включишь для фона.

Тренер сборной России по футболу Борис Игнатьев:

— Я не отношусь к Первому мая как к празднику, имеющему политический оттенок. Это просто нормальный свободный день, выходной, который можно провести за городом. Я так и сделал — был на даче, немного там поковырялся. Погода была отличная, настроение хорошее — что еще нужно?

(«Аргументы и Факты», №19, 1996 г.)

ТЕКСТ 2
ПРАВО НА ПАМЯТЬ

Великую Победу, к которой мы так долго и натужно шли, нельзя прочувствовать до конца, если не помнить своим сердцем тех, кто из-за преступных просчетов высших руководителей пал на поле боя в самые тяжкие месяцы войны или оказался за колючей проволокой бесчисленных немецких лагерей для военнопленных. Из 4,5 миллионов

Праздники

наших военнослужащих оттуда вернулось после войны лишь 1 836 тыс. человек. Из них половина была направлена в действующие части, а другая — в лагеря НКВД и на укомплектование «рабочих батальонов». В ходе войны 422 тыс. военнослужащих прошли штрафные батальоны и роты.

Около полумиллиона «пропавших без вести» человек остались живы, нашли приют на Западе. И, конечно, там оказались не только предатели и изменники. Сталин лично продиктовал, отредактировал и подписал печально знаменитый приказ № 227 от 28 июля 1942 года. На фронтах стали быстро формировать штрафные батальоны, куда направлялись «за панике́рство» офицеры, штрафные роты — для рядовых бойцов и младших командиров, а также, как в гражданскую войну по указаниям Ленина и Троцкого, создавались многочисленные заградительные отряды. В «случае паники и отхода частей, — говорилось в приказе, — расстреливать на месте паникеров и трусов».

Тут же наверх из штабов и политорганов пошли многочисленные донесения о «ходе исполнения приказа». Политуправление Сталинградского фронта, например, докладывает: «С 1 по 10 августа армейскими загранотрядами задержано 2 099 человек, в том числе бежавших с поля боя 378 человек, вышедших из окружения и плена противника 713, членовредителей 94, отставших от частей 914 человек. Из задержанных направлено в штрафные роты 517, в спецлагеря — 111, в пересыльные пункты — 82, арестовано — 10, расстреляно перед строем — 83 человека ...» Свои грехи и просчеты руководители «исправляли», как всегда, расстрелами.

Всего в Отечественной войне было приговорено к расстрелу военными трибуналами 158 тыс. военнослужащих.

Когда у маршала Жукова в критические моменты под Москвой недоставало под рукой одного-двух батальонов, чтобы залатать новую «дыру» в тонкой диафрагме фронта, Сталин шел навстречу бдительному Берии.

Конечно, не жестокость и террор Сталина спасли положение. Хочу подчеркнуть это с особой силой. У советского народа, как и у его русских предков, нашлись мощные глубинные духовные силы патриотизма, национального достоинства, готовности к самопожертвованию.

(«Аргументы и Факты», май 1995 г.)

4.6 **Послушайте две песни времен Великой Отечественной войны. Эти песни были тогда очень популярны. Как вы думаете, почему?**

В ЛЕСУ ПРИФРОНТОВОМ

С берез неслышен, невесом,
Слетает желтый лист.
Старинный вальс «Осенний сон»
Играет гармонист.

Вздыхают, жалуясь, басы,
И, словно, в забытьи,
Сидят и слушают бойцы —
Товарищи мои.

Под этот вальс весенним днем
Ходили мы на круг;
Под этот вальс в краю родном
Любили мы подруг;
Под этот вальс ловили мы
Очей любимых свет;
Под этот вальс грустили мы,
Когда подруги нет.

И вот он снова прозвучал
В лесу прифронтовом,
И каждый слушал и молчал
О чем-то дорогом.
И каждый думал о своей,
Припомнив ту весну.
И каждый знал — дорога к ней
Ведет через войну...

Пусть свет и радость прежних встреч
Нам светит в трудный час.
И коль придется в землю лечь,
Так это только раз!
Но пусть и смерть в огне, в дыму
Бойца не устрашит,
И что положено кому —
Пусть каждый совершит.

Так что ж, друзья, коль наш черед —
Да будет сталь крепка!
Пусть наше сердце не замрет,
Не задрожит рука.
Настал черед, пришла пора,
Идем, друзья, идем!
За все, чем жили мы вчера,
За все, что завтра ждем!

С берез неслышен, невесом,
Слетает желтый лист.
Старинный вальс «Осенний сон»
Играет гармонист.
Вздыхают, жалуясь, басы,

И, словно, в забытьи,
Сидят и слушают бойцы —
Товарищи мои.

ДОРОГИ

Эх, дороги...
Пыль да туман,
Холода, тревоги
Да степной бурьян.
Знать не можешь
Доли своей,
Может, крылья сложишь
Посреди степей.

   Вьется пыль под сапогами —
   Степями, полями.
   А кругом бушует пламя
   Да пули свистят.

Эх, дороги...
Пыль да туман,
Холода, тревоги
Да степной бурьян.
Выстрел грянет,
Ворон кружит,
Твой дружок в бурьяне
Неживой лежит.

   А дорога дальше мчится —
   Пылится, клубится,
   А кругом земля дымится —
   Чужая земля.

Эх, дороги...
Пыль да туман,
Холода, тревоги
Да степной бурьян.
Край сосновый,
Солнце встает.
У крыльца родного
Мать сыночка ждет.

   И бескрайними путями —
   Степями, полями,

Все глядят вослед за нами
Родные глаза.

Эх, дороги...
Пыль да туман,
Холода, тревоги
Да степной бурьян.
Снег ли, ветер, —
Вспомним, друзья!
Нам дороги эти
Позабыть нельзя.

урок 8

Москва — 850-летний юбилей города

1 ЧИТАЕМ И РАСШИРЯЕМ СВОЙ СЛОВАРНЫЙ ЗАПАС

1.1 Эти слова и словосочетания могут понадобиться вам для обсуждения данной темы:

статус Москвы
феномен Москвы
историческая роль
объединение русских земель
московское княжество
Российское государство
центр консолидации государства
ведущая роль
взаимодействие столицы и регионов
формирование и сохранение общенационального менталитета
специфические условия
определяющие факторы
выгодное географическое положение
социально-экономический уклад
транспортная доступность
концентрация ресурсов
квалифицированный научный и инженерный потенциал
центр науки, образования и культуры
радикальная перестройка жилищно-коммунальной сферы
уникальная архитектура
исторические памятники

1.2.а Прочитайте текст 1. Сформулируйте основные положения, которые характеризуют Москву как особый город России. Запишите их.

ТЕКСТ 1

Столице России — Москве — исполнилось 850 лет.

Широко и торжественно юбилей города был отмечен осенью 1997 г. Всего, что было сделано к знаменательному событию, не перечесть. «850 лет Москве» — эта фраза, которую можно было видеть буквально на каждом шагу на улицах Москвы, она прочно вошла в жизнь всех москвичей, где бы они ни трудились, что бы ни делали. Все хотели сделать что-то для любимой столицы.

850-летие Москвы — событие, которым жила не только столица, но и вся страна. Это объясняется особой ролью Москвы в истории Российского государства.

На научной конференции «Москва: 850 лет служения России» об этом говорил мэр столицы Юрий Лужков в своем докладе «Научные проблемы феномена Москвы».

ЮРИЙ ЛУЖКОВ:

ЭТО ПРЕКРАСНЫЙ ГОРОД, И ЛЮДИ СТРЕМЯТСЯ В НЕГО

Главное, что нам нужно понять, это причины и механизмы образования «феномена Москвы» в Российском государстве. Тогда мы сможем лучше служить процветанию России. Но давайте сначала спросим себя, а есть ли «феномен Москвы» как таковой? На мой взгляд — безусловно есть. На территории европейской части России существовало много десятков других, даже более могущественных городов. Но им не было суждено стать центрами консолидации Российского государства. А Москва — стала. И стала, как это ни парадоксально звучит, задолго до того, как Российское государство образовалось.

Что бы мы ни изучали, какую бы сферу деятельности ни взяли — феномен особой роли Москвы в Российском государстве виден невооруженным взглядом. Об этом говорят и история, особенно военная, и экономика, и литература, и живопись, и музыкальное, особенно песенное, творчество, и многое другое. Об этом говорит наше сердце. Даже в пропагандистской машине холодной войны фигурировала «рука Москвы» как символ влияния СССР на те или иные события.

Феномен Москвы не выдуман, а реально существует. Если мы поймем — почему, то сможем выработать более обоснованную политику перспективного развития города и более продуктивную модель взаимодействия города и Российской Федерации.

Роль города в государстве не носит случайного характера. Она определяется специфическими условиями, такими как устойчивое социально-экономическое развитие этого города, его ведущая роль в формировании и сохранении общенационального менталитета и достаточная адаптативность, т.е. приспособляемость к неизбежным и трудно предсказуемым изменениям сознания и технологии. Должна также сформироваться продуктивная модель взаимодействия города и объединяемых регионов.

Одним из факторов, которые обеспечили наилучшее сочетание этих условий именно в Москве, стало географическое расположение нашего города.

— Еще в 51 году до нашей эры Цицерон в своем сочинении о государстве говорит, насколько важно «осмотрительно назначать место для города-столицы». При этом одним из главнейших условий Цицерон считал возможность длительного сохранения и развития в этом городе некоторого общегосударственного менталитета. Именно поэтому он считал сомнительным размещение столицы долговечного государства в приморском и портовом городе. В таких городах происходит интенсивная эрозия национального менталитета: и за счет постоянного притока иностранцев с иным менталитетом, и за счет интенсивных контактов горожан с внешним миром. А важность сохранения и почитания национального сознания, некоего духовного консерватизма для долговечного государства трудно переоценить.

Еще один важный фактор — удобные связи с внешним миром, расположение Москвы на пути «из варяг в греки».

— Если не найдем способ использовать выгоднейшее географическое положение Москвы для новых средств транспорта, мы рискуем потерять один из ключевых факторов феномена Москвы, а именно ее инновационный потенциал. Поясню, что здесь имеется в виду, — сказал мэр. — По многим причинам, в том числе вследствие интенсивных информационных и транспортных обменов, изменения социально-экономического уклада жизни происходят в Москве прежде, чем в других городах России. А значит, и ответ на эти изменения Москва должна находить первой. Далеко не всегда это делается сразу безошибочно. Но рано или поздно решение удается найти.

Сегодня мы наблюдаем множество подтверждающих это примеров. Необходимость радикальной перестройки и жилищно-коммунальной сферы, и механизмов приватизации, и бюджетной системы, и многого другого впервые была осознана именно в Москве.

Далее Лужков затронул еще одну интересную проблему «феномена Москвы», связанную с многовековым устойчивым социально-экономическим развитием нашего города.

— Известно, что города растут естественным путем. Но с ростом городов, с притоком населения и увеличением рождаемости, одновременно растут и негативные последствия высокой концентрации людей и производительной деятельности на ограниченной территории. Рост города приостанавливается, а в некоторых случаях он может даже умереть.

Но в Москве мы наблюдаем другую картину. Город более или менее устойчиво развивается уже 850 лет. И, в общем-то, это прекрасный город. Широкие зеленые улицы, удобная транспортная система, особенно система подземного транспорта, уникальная архитектура, большое количество сохранившихся исторических памятников, прекрасные парки.

Конечно, мы видим и недостатки, понимаем, что многие вопросы решаются нами далеко не оптимально, но люди продолжают стремиться в Москву.

Говоря о взаимоотношениях Москвы с регионами России, Лужков сказал: — Прошло время, когда было можно и нужно цементировать Россию силой, и пришло время цементировать ее выгодой, на базе корпоративного бюджетного федерализма.

(«*Вечерняя Москва*», 5 сентября 1997 г.)

1.2.б Сравните свой вариант с вариантами, полученными другими студентами в классе. Обсудите их и на этой основе выработайте оптимальный окончательный вариант.

1.3.а Текст 2 тоже посвящен Москве. Автором его является губернатор Московской области, Анатолий Тяжлов. Прочитайте текст и сравните его с текстом 1. Какой из них кажется вам более строгим, официальным? Какой более эмоционален? Аргументируйте свой ответ.

ТЕКСТ 2
СЕГОДНЯ ЛЮБО ПОСМОТРЕТЬ НА СТОЛИЦУ

Анатолий Тяжлов, губернатор Московской области:

На дворе иные времена, иной статус и у нашей Москвы. Оставаясь главным городом, где пребывают и функционируют официальные федеральные власти, она обрела в последние годы роль ведущего региона Российской Федерации среди равных. Региона со своим, чаще всего неординарным видением и пониманием насущных проблем современности и достаточным запасом политической и экономической самостоятельности. Эта самостоятельность далека от популярных сегодня разного рода сепаратистских настроений. Столица пользуется ею только во имя здравого смысла, деловой целесообразности и ради достижения наибольших хозяйственных результатов.

И все же там, где необходимо, первопрестольная тверда и непреклонна. Она, к примеру, решительно отвергает радикализм и поспешность непродуманных реформ. Находит свои пути преобразования экономики и социальной сферы. Более того, у нее свое представление о будущности всей России, о ее развитии в грядущем XXI веке.

Лично меня как губернатора и человека Москва больше всего радует обретенной стабильностью.

Сколько, помнится, мозолил глаза громкоголосый лозунг: «Превратим Москву в образцовый коммунистический город!» Шло время, лозунг с годами обрастал пустопорожней навязчивостью, а столица продолжала пребывать в мусоре и необустроенности. Сегодня же любо-дорого посмотреть на нее. Новые жилые кварталы современной застройки, торгово-культурные центры и мемориалы, облагороженные скверы, газоны, набережные, автомагистрали буквально изменили облик города, придав ему нарядное достойное столицы лицо.

А как много стоят возрожденные к жизни архитектурные сокровищницы, жемчужины отечественного зодчества — церкви, монастыри, исторические усадьбы, храмы и такое чудо как Храм Христа Спасителя! За созидательным творческим порывом столицы видятся энергия и воля миллионов москвичей.

Радует и другое. Москва не замыкается в рамках своих территориальных интересов и смотрит на мир шире, с государственной мудростью. Ее волнуют судьбы Севастополя, Черноморского флота, российско-белорусского Союза. Ее беспокоят недавние беды всех пострадавших городов России. Это означает лишь одно: как и в давние былинные времена, из Москвы звучит мощный призыв к возрождению попранного единства Отечества, к возвращению России ее былой славы, величия, восстановлению утраченных геополитических позиций в мире.

Вот почему нынешние юбилейные торжества для меня лично — это не триумф одной лишь Москвы, хотя все мы безмерно чтим и любим ее. Это не триумф ее мэра Юрия Михайловича Лужкова, который так много сделал для Москвы. Мы празднуем сегодня силу духа и воли нашего народа, историческую способность россиян собраться, сплотиться в трудные для них времена и решительно двинуться вперед к лучшей своей судьбе.

Это триумф национального самосознания россиян.

(По материалам приложения к «Вечерней Москве» — газете «Московия», 5 сентября 1997 г.)

1.3.б Выпишите из каждого текста (1 и 2) отдельно сначала качественные, а затем — относительные прилагательные. Какие из них преобладают? Употребляются ли прилагательные в сравнительной и превосходной степенях? О чем это говорит?

1.3.в Выпишите из обоих текстов устойчивые словосочетания. Обратите внимание на их характер. Есть ли в текстах словосочетания стилистически-окрашенные? С эмоционально-экспрессивно-оценочными коннотациями? О чем это говорит?

1.4 Как вы понимаете следующие выражения:

на пути «из варяг в греки»?
любо-дорого посмотреть?
жемчужина отечественной архитектуры?
первопрестольная была тверда и непреклонна?

2 ПИШЕМ, ИЗУЧАЕМ ГРАММАТИКУ

2.1.а Заполните пропуски соответствующими прилагательными, образованными от существительных в скобках:

(Накануне праздника рассказывает Главный художник города Андрей Ефимов. Его служба отвечает за цвет города, за его вечернее освещение, за его дизайн и за ландшафтную архитектуру.)

— Сейчас идет грандиозная работа по созданию облика (вечер) Москвы. Уже подсвечено более 160 объектов. Мне нравится, например, подсветка гостиницы «Ленинградская», что на площади трех вокзалов. Я живу за Сокольниками и с удовольствием смотрю со своего десятого этажа на ее двуцветный «кристалл», переливающийся (холод) и (тепло) оттенками.

Но подсветка отдельных объектов, сама по себе (удача), еще не создает целостной (свет) среды. Это только начало — создаем отдельные (свет) точки, затем соединяя их линиями-улицами, далее — (свет) площади.

К юбилею города создается (сверкание) пространство улиц и площадей вокруг Кремля. Одновременно мы будем двигаться от центра радиусами, и в каждом (администрация) районе города тоже появится (администрация) центр. Такое освоение Москвы в (известность) степени повторяет (собственность) рост города — Кремль, (радиус) дороги, (окраина) монастыри и так далее.

Однако справедливо считают, что сколько ни освещай серость, она вряд ли будет выглядеть лучше. Свет и цвет являются двумя сторонами одного явления. Я каждый день бываю на (глава) улице столицы — Тверской. И всегда у меня портиться настроение. Прекрасные здания, хорошая архитектура, но мрачные, серые...

А ведь Москва исторически была многоцветна, и каждая эпоха несла в себе свою (цвет) палитру. Вот храм Василия Блаженного на Красной площади — это Москва. Нарышкинский домик в Петровском парке, церковь в Троицке-Лыкове — тоже. Я вообще люблю «нарышкинское» барокко начала XVIII века — синие, зеленые, красные дома с лепниной и белыми наличниками. Испытываю (личность) неприязнь к императору Александру III за то, что он распорядился красить все новые дома «с большим добавлением белил», то есть, попросту говоря, сделал их блеклыми. Да еще посадил при каждом полицейском управлении чиновника-архитектора, чтоб контролировал исполнение указа.

Последний (цвет) прорыв случился в столице в начале этого века. Модерн — (растительность) орнаменты, панно на фисташковых, оранжевых, фиолетовых фасадах. Но пришла революция, и (роскошь) особняки замазали грязно-бурым, а центр застроили серым...

(По материалам журнала «Спутник», июнь 1997 г.)

2.1.б Обратите внимание на употребление прилагательных, образованных от существительных «цвет» и «свет»:

цветовая гамма	но: Цветной бульвар
цветовая палитра	но: двуцветный кристалл
	многоцветная Москва
световая среда	
световые точки	но: светлая улица

2.2 Заполните пропуски существительными в нужном числе и падеже:

Правительство (Москва) издало (постановление) о (реконструкция) к 850-летию (город) (тротуары) его главной (улица). (Работа), конечно, будут вестись по самой передовой (технология). Для (начало) с пешеходных (дорожка) Тверской (улица) полностью удалят старый (асфальт) и находящийся под ним на (глубина) 20 (сантиметр) грунт. На освободившееся (место) уложат бетонные (плита), а уж их зальют свежим (асфальт).

На этом (благоустройство) Тверской не закончится. На всем ее (протяжение) будут установлены новые (фонарь), а последним штрихом станет (появление) на (тротуары) мобильных (дерево-ель) и (пихта) в деревянных (кадка).

Чтобы не слишком мешать (пешеходы), (реконструкция) будут вести поэтапно и преимущественно в ночное (время) — сначала от Тверской (площадь) до Манежной, затем от Тверской до Пушкинской и, наконец от Пушкинской до Триумфальной.

Кроме того, по личному (распоряжение) (мэр) к (сентябрь) подземные (переход) на Тверской будут оборудованы мозаичными (панно) «Виды старой (Москва)». Изготовить их взялся (художник) Карен Сапричан.

(По материалам журнала «Столица», июнь 1997 г.)

2.3.а Найдите в тексте 1 предложение с синтаксической структурой «что бы...ни». Какова роль этой структуры?

2.3.б Придумайте свои предложения подобного типа. Начинайте со слов: (Wade, §312)

Что бы... ни...
Кто бы... ни...
Как бы... ни...
Где бы... ни...
Когда бы... ни...
Сколько бы... ни...

3 ОБСУЖДАЕМ ПРОБЛЕМУ, ОБМЕНИВАЕМСЯ МНЕНИЯМИ, ВЫСКАЗЫВАЕМ СВОЮ ТОЧКУ ЗРЕНИЯ, ПРОСТО ГОВОРИМ...

3.1 Просмотрите еще раз текст 1 и постарайтесь ответить на следующие вопросы:

В чем заключается особая роль Москвы в Российском государстве? Что вы помните об этом из курса истории?

Согласны ли вы с Цицероном и Лужковым в том, что для блага государства столица должна характеризоваться неким духовным консерватизмом?

Разделяете ли вы высказанную точку зрения относительно того, что города растут естественным путем? А если это целенаправленная социальная политика, когда в город вкладываются большие капиталы?

Как вы поняли «феномен Москвы»? В чем, по-вашему, он заключается?

Как вы думаете, зачем была проведена данная конференция? Ведь далеко не каждое событие подобного плана отмечается научными конференциями.

Были ли вы в Москве? В другой европейской столице? Что вас больше всего поразило там?

3.2 Прокомментируйте следующее высказывание:

«Прошло время, когда было можно и нужно цементировать Россию силой и пришло время цементировать ее выгодой, на базе корпоративного бюджетного федерализма.»

3.3 Текст, который приводится ниже — тоже о Москве. Это тоже гимн Москве. Тем не менее, он сильно отличается от текстов 1 и 2. Прочитайте его и вы увидите это сами.

ГОРОД ВОЛШЕБНЫЙ

Город, в котором появляются на свет Божий, не выбирают, как и родителей. Просто его запоминают навсегда, и он остается с нами на всю жизнь.

Мне посчастливилось родиться в Москве. И я люблю наш город. Он очень разный, как человек. Утром, когда я бегу в свой институт по Тверской, Волхонке и Остоженке, город спешит на работу.

Мне интересно, чем он озабочен, вот этот убеленный сединами высокий, подтянутый дядечка?

Куда направляется молодая женщина, похожая иконописным лицом на мою любимую актрису?

О чем спорят между собой одетые в яркие куртки белобрысый парень и темноволосая девчонка?

Какие заветные слова шепчет запавшими губами старушка, которая, небось, помнит еще первозданный Храм Христа Спасителя?

Невозможно не замедлить шаг, не остановиться на минутку, глядя на золотые купола этого Храма. Красоту, освященную добром и верой в хороших людей, нельзя уничтожить насовсем. Красота рано или поздно все равно возродится усилиями истосковавшегося по ней человека.

В институтских коридорах — разноголосый веселый шум. Студенты подводят итоги летней сессии. Со многими из них я знакома, но, конечно, далеко не со всеми. Но на всех я смотрю как на близких друзей. И они отвечают мне тем же дружелюбием: мы — студенты московского вуза.

К вечеру рабочая Москва преображается, становится совсем другой. Солнце уходит из города. На улицы и переулки опускается таинственное покрывало. Накрапывает частый теплый дождичек. Весь город одевается в голубую прозрачную фату. По Тверской торопятся последние автомобили. В легкой дымке загадочно мелькают красные огоньки. Кажется, город плывет в неведомую даль. Это путешествие продолжается вот уже 850 лет. Какие открытия нас ждут впереди — нам неведомо. Но мы знаем определенно: Москва — город волшебный, город вечный, у него светлое будущее.

Екатерина Чернова, москвичка
(«Вечерняя Москва», 5 сентября 1997 г.)

Здесь город сравнивается с человеком. Как вы думаете, почему?
Что этим достигается?
Отражает ли это отношение автора к описываемому объекту?
Если да, то как?

3.4.а **В тексте используются метафоры.**
Что такое метафора?
Для создания какого эффекта они употребляются?

3.4.б **Выберите и выпишите из текста все метафоры.**

3.5.а **Удалось ли автору убедить вас в том, что Москва — действительно волшебный город? Захотелось ли вам увидеть ее своими собственными глазами?**

3.5.б **Расскажите о своем любимом городе. Постарайтесь сделать это как можно поэтичнее. Используйте различные стилистические приемы.**

3.6 **Знаете ли вы, что:**

— Москва — самая восточная столица Европы.
— Москва расположена на семи холмах, на двух берегах Москвы-реки.
— Площадь Москвы 994 км^2.
— Москва разделена на 9 административных округов: Центральный, Северный, Северо-Восточный, Восточный, Юго-Восточный, Западный, Юго-Западный, Северо-Западный, Южный.
— В Москве сегодня проживает около 6 млн. жителей. Москва занимает четвертое место после таких столиц, как Токио, Нью-Йорк, Шанхай.
— К 2000 г. население Москвы превысит 14 млн. человек.
— Примечательно, что женщин в городе гораздо больше, чем мужчин.
— Ежедневно в город приезжает около миллиона человек — жители Подмосковья, работающие в столице, туристы, командированные, транзитные пассажиры. Именно эта публика составляет большую часть посетителей музеев, выставок, театров. Среднестатистический москвич (это человек 39-40 лет) в музеи и театры ходит редко и почти не совершает покупок в крупных центральных магазинах.
— Примерно половина столичных жителей работает в сфере науки и промышленности. Образовательный уровень москвичей высок: у каждого третьего высшее образование, почти все они окончили среднюю школу. Женщин с высшим образованием больше, чем мужчин.
— В Москве — 9 вокзалов, 5 аэропортов, более 60 музеев и 40 театров.
— 352 храмов находятся в нормальном состоянии.
— Самый популярный и замечательный вид транспорта — московское метро.

4 СЛУШАЕМ, ГОВОРИМ...

4.1 Сейчас вы услышите звуковое письмо, послание. Очень личное, по многим признакам. Вам предстоит прослушать его по частям.

а) Прослушайте первую часть записи.

Кому, по-вашему, адресовано это обращение?
Женщине?
Мужчине?
Какому-нибудь другому адресату?
Почему вы так думаете?

б) Прослушайте вторую часть записи.

Изменилось ли ваше мнение об адресате?
Почему?
О ком или о чем здесь идет речь?

в) Прослушайте третью часть записи.

Кто же все-таки имеется в виду?

г) Сейчас прослушайте последнюю фразу.

Как вы думаете, кто может быть автором этого послания?

ТЕКСТ ДЛЯ ПРОСЛУШИВАНИЯ

Часть 1

Здравствуй, здравствуй, моя милая! Надеюсь, что у тебя все хорошо. Я вот тут сидел и вспоминал, как все начиналось. Ведь это почти случайность, что мы с тобой встретились, — в хороводе веков, городов и людей так просто двоим потеряться.

Часть 2

Много бед, родная, было у тебя в жизни. Помнишь тот страшный пожар, когда у тебя почти ничего не осталось? Ты стояла вся в саже и копоти, теребя в руках ключи, так и не попавшие в руки врага. Напомаженный, самоуверенный враг вошел к тебе в дом силой, надругался над тобой. В тот год ты была такая растерянная, такая несчастная... Но я ничуть не сомневался: ты выдержишь, ты сможешь.

После пожара ты стала совсем другой. Твои старики тебя бы не узнали. Ты стала выше, больше, светлее, и только сердце твое осталось таким же кирпично-красным.

Часть 3

Я помню, как ты пела по утрам: динь-дон, динь-дон — это твои колокола; шур-шур, шур-шур — отвечали им метлы дворников. Иногда я завидую тебе. Ты так много видела, так много знаешь. Ты можешь рассказать о том, о чем не прочтешь ни в одном учебнике, ни в одной самой заумной книжке. Ты всегда любила гостей, и они платили тебе тем же. Только единожды принимала ты чужестранцев, молчаливо поджав губу Москвы-реки и насупив брови проспектов. Было это в счастливом 1945-м...

Ты жалуешься, что уже стара, что тебе мешает бесконечный шум подъемных кранов и скрип бульдозеров. Ничего-ничего, родная. Потерпи. Так надо. Уж слишком износился в сутолоке столетий твой наряд, а я ужасно хочу, чтобы ты всегда, в любую погоду, и днем, и ночью, выглядела красивой. Я уже придумал, что будет с тобой через 50 и 100 лет. Представляешь, на Воробьевых горах пустят фуникулер, уберут уродливый «Интурист», построят Диснейленд, новые улицы, проспекты. Здесь будут такие дороги, что добраться до Парижа можно будет за одну ночь. Но Бог с ним, с Парижем. Главное, что и ты будешь ближе ко мне, куда бы ни забросила меня судьба.

Ты плачешь? Не веришь мне? Говоришь, что не доживешь? Бог с тобой, моя милая. Сколько тебе лет? Молчишь? Грозишь мне, дураку, пальцем?

Ну, конечно, я — просто осел. Настоящие женщины — они без возраста.

Часть 4

Прости меня, Москва.

УРОК 9

Религия

1 ЧИТАЕМ И РАСШИРЯЕМ СВОЙ СЛОВАРНЫЙ ЗАПАС

1.1 **Эти слова и словосочетания могут понадобиться вам для обсуждения данной темы. Найдите их значения в словаре:**

монастырь: уйти в монастырь; покинуть монастырь
мир: в миру, уйти из мира
пономарь: читать как пономарь
семинария: духовная семинария
благословение
духовник
послушание
послушник
богослужение: проводить богослужение; посещать богослужение
иночество
инок
Бог: верить в Бога; чтить Бога; молиться Богу
постриг: постриг в монахи; принять монашеский постриг
игумен
братия
целомудрие
(не)стяжательство
мирянин
жизнь: вести (церковный/евангельский/ монашеский) образ жизни
повинность: трудовая повинность; нести трудовую повинность
обет: принять обет

1.2   Прочитайте текст 1.

ТЕКСТ 1
ПРЯМОЙ ПУТЬ К БОГУ ЛЕЖИТ ЧЕРЕЗ МОНАСТЫРЬ

В дореволюционной России существовало 1 050 монастырей, в сегодняшней — всего 300. Открываются новые. Нельзя не задаваться вопросом: а что же, собственно, влечет туда наших современников, что ищут они в затворничестве, отказываясь от мирских утех?

Мать Серафима, в миру Варвара Черная, доктор наук, профессор, в прошлом — заместитель директора научно-исследовательского института, недавно стала настоятельницей первого в Москве женского монастыря, Новодевичьего. Ее дед был правнуком одного из первых исследователей Арктики, приближенного Екатерины Второй — адмирала В. Я. Чичагова, внуком адмирала П. В. Чичагова, морского министра России, участника Отечественной войны 1812 года. Предки Варвары оставили ценнейший для историков «Архив Чичаговых». Над ним трудился дед Павел Васильевич, а потом и внук — Леонид Михайлович. Леонид Михайлович ушел из мира и принял монашеский постриг с именем Серафим. Это были страшные годы, когда требовалось немалое мужество, чтобы встать на путь служения Богу. Митрополита Серафима арестовали, когда ему было восемьдесят два года. Осужденного за контрреволюционную монархическую агитацию, его расстреляли в 1937 году. Он успел оставить «Летопись Серафимо-Дивеевского монастыря» и написать «Житие преподобного Серафима». Монашество приняли три из четырех его дочерей. Варвара закончила вечернее отделение Московского института тонкой химической технологии — днем работала, вечером шла на лекции.

На московском заводе «Каучук», куда она пришла после института, стала подниматься по служебной лестнице: начальник отдела, заместитель главного инженера завода. Дальше без членства в партии продвигаться было сложно. Но она «тянула резину». Потом все же стало известно, что ее мать была монахиней. В партию ее не приняли. Тем не менее, имея сомнительную родословную, она в профессиональном плане не пострадала: кандидатская диссертация, докторская, шестнадцать лет на посту заместителя директора НИИ, Государственная премия, ордена и медали. Все эти достижения она объясняет своими молитвами. И, бросив все, уходит в монастырь.

Люди, идущие в монастырь, как правило, уже в миру ведут церковный образ жизни. Одни служат пономарями, другие имеют образование, полученное в семинарии, третьи являются членами верующей семьи. И в монастырь уходят с благословения духовника. Вновь прибывшие подвергаются испытанию. Сначала в качестве послушников они выполняют какую-нибудь работу по монастырю и посещают богослужения. Спустя полгода-год трудовая повинность меняется, чтобы послушник все испробовал, все умел. Следующая стадия — иночество. При посвящении в иноки учитывается стремление вести евангельский образ жизни. Это значит, что в Бога надо не просто верить, его необходимо чтить. Евангелие говорит: вера без дела мертва. А дела — это и есть жизнь по заповедям Христовым. Иночество завершает испытательный срок. Те, кто не уверен в себе, не способен вести монашеский образ жизни, пишут прошение и покидают монастырь. Постриг в монахи осуществляется в каждом монастыре в храме Небесного Покровителя. В монастыре Оптина Пустынь — это центральный Введенский собор. В торжественной обстановке, перед Церковью в лице игумена и братии, перед Небом и Богом, звучат клятвенные обещания — послушания, нестяжательства и целомудрия. С этого момента жизнь новых монахов будет продолжаться под другим именем.

Монашеский постриг — событие величайшее прежде всего потому, что человек становится другим. Однажды митрополит Питирим на вопрос, в чем разница между мирянином (то есть человеком, который посещает церковь) и монахом, ответил: «Монах такой же человек, как мирянин, но в отличие от него он один раз в жизни все же захотел стать лучше, поэтому и пришел в монастырь». У каждого — свой путь к Богу, только миряне идут к нему зигзагами, а монахи — по прямой.

(«Спутник», №3, 1997 г.)

1.3 Как вы понимаете следующие высказывания:

1. С этого момента жизнь новых монахов будет продолжаться под другим именем.
2. Приняв постриг, человек становится другим.
3. Миряне идут к Богу зигзагами, а монахи — по прямой.
4. Что же влечет туда наших современников, что ищут они в затворничестве, отказываясь от мирских утех?
5. Но она «тянула резину».

1.4 Образуйте отглагольное существительное от следующих глаголов:

Пример: служить — служение

служить	образовывать
выполнять	завершать
посещать	получать
продолжать(ся)	иметь

строить позволять
читать писать

1.5 Образуйте соответствующие глаголы от следующих существительных:

Пример: испытание — испытывать

испытания   заверение
образование   завещание
посвящение   отставание
прошение   изменение
стремление   опережение
благословение замедление
верование   становление
послушание

1.6 Образуйте устойчивые словосочетания из прилагательных (левый столбик) и существительных (правый столбик). Это упражнение выполняйте после прослушивания текста о русском религиозном сознании.

судьбоносный разговор
исторический состояние
духовная   жизнь
древнее   возрождение
плачевное   пророчество
духовное   перекрёсток
откровенный   момент
              выбор

2 ПИШЕМ, ИЗУЧАЕМ ГРАММАТИКУ

2.1 В следующих предложениях поставьте данное в скобках существительное в творительном падеже. Обращайте внимание на его род: (Wade, §94–102)

1. Он часто задавался (вопрос) об истинных причинах её ухода в монастырь.
2. Ещё несколько лет назад Варвара была (заместитель) директора научно-исследовательского института.
3. Сейчас она стала (настоятельница) женского монастыря.
4. Он является (начальник) отдела.
5. Её дед был (правнук) адмирала Чичагова.
6. Её родственница по материнской линии была (племянница) императрицы Екатерины Второй.
7. На протяжении многих лет он был (ректор) Московского университета.

8. Маргарет Тэтчер была (первая женщина-премьер-министр) за всю историю Великобритании.
9. Сначала я работала (простой парикмахер), а потом стала (мастер по дизайну причесок).
10. Он работает (менеджер) фирмы, занимающейся строительством дачных домиков.
11. Два года назад она стала (заведующий) отделом социального страхования.

2.2 В следующем тексте употребите глаголы, данные в скобках, в нужной форме. Обратите внимание на преобладание форм пассивного залога (с возвратной частицей -ся):

ОПТИНА ПУСТЫНЬ

До 1987 года на территории монастыря Оптина Пустынь (быть) сельскохозяйственное училище. Об этом (говорить) немалое количество техники, отнюдь не простаивающей. (Достраиваться) колокольня, (восстанавливаться) Казанский собор, на очереди — братские корпуса и храм в честь Владимирской иконы Божией Матери. Все строительство (вестись) за счет монастыря. (Спрашиваться), откуда деньги? (Выручать) издательская деятельность. (Приносить) доход иконная лавка. Самый большой доход (приносить) подсобное монастырское хозяйство, позволяющее почти полностью обеспечивать братию едой, да еще кормить ежедневно 160 рабочих и около 200 паломников. Бесплатно!

Ферма, сад, огород. В двадцати километрах от монастыря — 280 гектаров земли, где (выращиваться) пшеница, ячмень, овес и гречиха. Была бы мельница, сами бы муку (молоть), а пока приходится менять зерно на комбикорм и муку закупать, из которой братия печет хлеб. (Закупаться) также растительное масло и рыба. В этом году (устроить) пруд, (запустить) мальков — скоро будут собственные карпы. Есть гостиница, и кто бы ни (приехать) в Оптину, всегда (найти) в ней пристанище, тоже бесплатное.

(«Спутник», №3, 1997 г.)

Объясните преобладание форм пассивного залога, а также такой порядок слов в предложении, когда глагол предшествует подлежащему.

2.3 Представьте, что вам надо написать краткую биографию Варвары Черной. Переработайте текст и отберите только объективную информацию. Произведите необходимые трансформации и компрессию текста.

2.4 В приведенном здесь тексте нарушен порядок абзацев. Расположите их в правильном порядке. Объясните свой выбор:

НАУЧНЫЙ АТЕИЗМ... ПРОВАЛИЛСЯ НА ЭКЗАМЕНАХ

а) — Не считаете ли вы целесообразным проведение мировоззренческих диспутов?

б) На вопросы корреспондента газеты «Московский Церковный Вестник» отвечает ректор Литературного института имени М. Горького, профессор Евгений Юрьевич Сидоров.

в) — Конечно, проявляют, как и все русские писатели. Они интересуются прежде всего этической стороной христианства. Это закономерно, потому что долгое время шли процессы разрушения культуры. Этика, мораль, нравственность слишком часто являлись в идеологических одеждах. Можно было так, а можно — этак, в зависимости от того, кто перед тобой: друг, враг, брат и т.д. Ибо взамен этики христианской господствовала классовая этика.

г) — Евгений Юрьевич! Студенты вашего института проявляют интерес к религии?

д) — Диспутов — нет. Я вообще не верю, что в спорах рождается истина. Я отрицаю этот шаблон. Это клише. Сейчас нам нужен не общественный спор, не распри, а общественный договор, сплочение демократических сил в обществе для противостояния общим опасностям. Для меня таковыми, в частности, являются неосталинизм, духовная и нравственная вседозволенность, пронизывающая наше общество факультативная мораль. Нам нужны не диспуты в стиле Остапа Бендера или более серьезные — Луначарского, а своего рода культуртрегерство. Потому что без культуры, без возвращения к основам христианской этики русское общество не поднять.

е) Духовная история последних двух тысячелетий — прежде всего проверка на прочность, на выживаемость идей Христа. При этом Христос для меня скорее атеист, но твердо верующий в основы христианской этики.

ж) Конечно, есть и прямые обращения к евангельским сюжетам. В первую очередь вспоминаются «Мастер и Маргарита» Булгакова, «Плаха» Айтматова, «Покушение на миражи» Тендрякова. Но и тут берется главным образом аспект нравственный, моральный. И еще — попытка понять историю развития человечества, ибо новая история (во всяком случае европейских народов) — это история христианских идей, история борьбы идей христианских и нехристианских.

з) Классовая этика всегда факультативна, собственно человеческий элемент ею вымывается... Отсюда и нынешний интерес литературы к религиозной проблематике.

(«Московский Церковный Вестник», №7, март 1990 г.)

1 —	5 —
2 —	6 —
3 —	7 —
4 —	8 —

2.5 Сформулируйте и запишите основную информацию каждого абзаца. Опустите малозначительные детали.

2.6 Из получившихся обобщений составьте новый текст, который будет кратким вариантом (аннотацией) исходного текста. Используйте, где необходимо, средства связности текста (союзы, союзные слова, наречия).

2.7 Переведите текст-интервью о Патриархе Алексии Втором на английский язык.

— Не могли бы вы рассказать о Патриархе Московском и всея Руси Алексии? Откуда он, из какой семьи?

— Патриарх Московский и всея Руси Алексий Второй (в миру — Алексей Михайлович Ридигер) родился 23 февраля 1929 года в Таллине в глубоко верующей семье. Отец у патриарха, Михаил Александрович Ридигер, уроженец Санкт-Петербурга, мать, Елена Иосифовна Писарева, уроженка г. Ревеля (Таллина).

Ежегодно родители Алексея совершали паломничества в различные монастыри, куда брали с собой и сына. Это во многом определило духовный жизненный путь Патриарха.

С юного возраста Алексей Ридигер прислуживал в церкви под руководством своего духовного отца протоиерея Иоанна Богоявленского, впоследствии — епископа Таллинского и Эстонского Исидора. Обучался в таллинской русской средней школе. В 1953 году окончил Санкт-Петербургскую духовную академию по первому разряду и был удостоен степени кандидата богословия.

Далее — долгий путь служения Русской Православной Церкви. В июне 1990 г. избран на Московский Патриарший престол.

(«Аргументы и Факты», №15, 1994 г.)

3 ОБСУЖДАЕМ ПРОБЛЕМУ, ОБМЕНИВАЕМСЯ МНЕНИЯМИ, ВЫСКАЗЫВАЕМ СВОЮ ТОЧКУ ЗРЕНИЯ, ПРОСТО ГОВОРИМ...

3.1 Что вы знали раньше, до изучения этого курса, о монастырях как социальных институтах:

— в России?
— в вашей стране?

3.2 Что вы еще узнали, прочитав текст 1? Ответьте на вопросы:

1. Кто, как правило, приходит в монастырь: случайные люди или люди какой-то определенной категории?

2. Какова процедура подготовки к принятию монашеского пострига? Достаточно ли для этого только желания пришедшего в монастырь?
3. Как обычно осуществляется постриг?
4. Знаете ли вы что-нибудь об образе жизни монахов в вашей стране? Отличается ли он в чем-то от описанного?
5. Почему, по-вашему, религия осталась жива при большевиках, несмотря на все гонения?
6. Почему, на ваш взгляд, в России сейчас наблюдается огромный интерес к религии во всех слоях общества?

3.3 Представьте себе, что вам нужно взять интервью у пресс-секретаря Московской Патриархии. Вы хотите узнать как можно больше о Патриархе Московском и Всея Руси Алексии. Подумайте, какие вопросы вы сможете задать. Основывайтесь на информации из предыдущего текста. Называйте Патриарха в соответствии с его духовным титулом «Их Святейшество».

4 СЛУШАЕМ, ГОВОРИМ...

4.1 Вы услышите, что думает о русском религиозном сознании и будущем России преосвященнейший Сергий, Епископ Новосибирский и Бердский.

а) Попытайтесь прогнозировать его ответы. Поставьте буквы «В» («верно») или «Н» («неверно») в клеточки, в соответствии с вашими ожиданиями.

1. Епископ считает, что конец света неизбежно наступит. ☐
2. Он очень озабочен духовным состоянием русского народа. ☐
3. Поскольку в обществе практически отсутствуют нравственные идеалы, воспитываемые религией, Россия обречена на духовную гибель. ☐
4. Православные народы Европы всегда считали Россию оплотом православной религии. ☐
5. Сейчас их мнение переменилось. ☐
6. Духовная деградация русского народа началась в 1917 году. ☐
7. Многие качества русского характера были воспитаны Православием. ☐
8. Обращение к Богу является естественной потребностью человеческой души. ☐

б) Прослушайте записи и проверьте правильность своих ответов.

ПОКА НЕ УМРЕТ ПОСЛЕДНИЙ РАБ
(Текст для прослушивания)

Интервью с Преосвященнейшим Сергием, епископом Новосибирским и Бердским.

— Ваше Преосвященство! Россия в XX столетии оказалась на историческом перекрестке, вновь совершается ее судьбоносный выбор. Для рассуждения о будущем едва ли достаточно аналогий из прошлого. За последние три четверти века, за время жизни одного поколения, с русским народом, со всеми россиянами произошли такие изменения, о которых наши предки и помыслить не могли. Изменился и облик человечества, и облик планеты... Как вам видится сегодня духовная жизнь Руси? Какие явления в российском обществе наиболее всего огорчают и какие вселяют надежду?

— Для России сейчас действительно судьбоносный момент: либо она будет жить, несмотря ни на какие уже пережитые (а может, еще и готовящиеся) испытания, либо она духовно погибнет.

В этом мире на протяжении сотен и тысяч лет все меняется и неуклонно приближается к своему концу (который будет весьма плачевным), в полном соответствии с древними пророчествами. Мир, порабощенный грехом, утопающий во зле, не может быть вечен.

И все же, как ни плачевно нравственно-религиозное состояние русского народа сегодня, я верю, что если суждено быть еще духовному возрождению человечества, то оно начнется именно в России и захватит другие страны. Не могу говорить о духовном потенциале народов американского континента, так как не был там, но я неоднократно видел, как на Россию смотрят наши православные братья в Европе. В откровенных разговорах они не скрывают, что только в России видят оплот Вселенского Православия и только с ней связывают свои надежды на духовное возрождение. Это я слыхал неоднократно в Сербии, Румынии и Болгарии, в Греции и на Кипре. Правда, в последние годы в этих странах можно было услышать и антирусские речи, но в них, как мне кажется, отражается политическая конъюнктура, а не голос простого народа.

Духовный облик нашего современника очень противоречив, и я не хочу судить его, ибо начало явной духовной деградации русского народа определить очень сложно. Кто-то, может быть, хотел бы указать на 1917 год... Но я, вспоминая рассказы о том времени моего покойного деда, не могу с этим согласиться. По его словам, среди массы населения того времени (и особенно интеллигенции) уже давно наблюдалось не только совершенное неверие в Бога, но зачастую кощунственное отношение к Церкви и ее Таинствам. Так что ужасы гражданской войны и последовавшие затем скорби вполне могут оцениваться как наказание Божие за отход от истинной веры и формальное исполнение религиозных обрядов.

Конечно, революционные лозунги тоже духовности не добавили. Именно с того времени, когда «новый человек» был освобожден от чувства своей нравственной ответственности перед Богом, стала постепенно утрачиваться самобытность русского характера, выражавшаяся в открытости, бескорыстии и доверчивости. Эти качества я более всего ценю в людях, но встречаются они все реже, о чем остается только сожалеть.

Надежду, однако, вселяет обретенная в последние годы свобода проповеди слова Божия. Люди ищущие, руководствующиеся естественным нравственным чувством, приходят к Богу, обретают смысл жизни, хотя эта фундаментальная потребность души часто скрыта глубоко и не всем заметна.

(«Русь православная», №28, март 1996 г.)

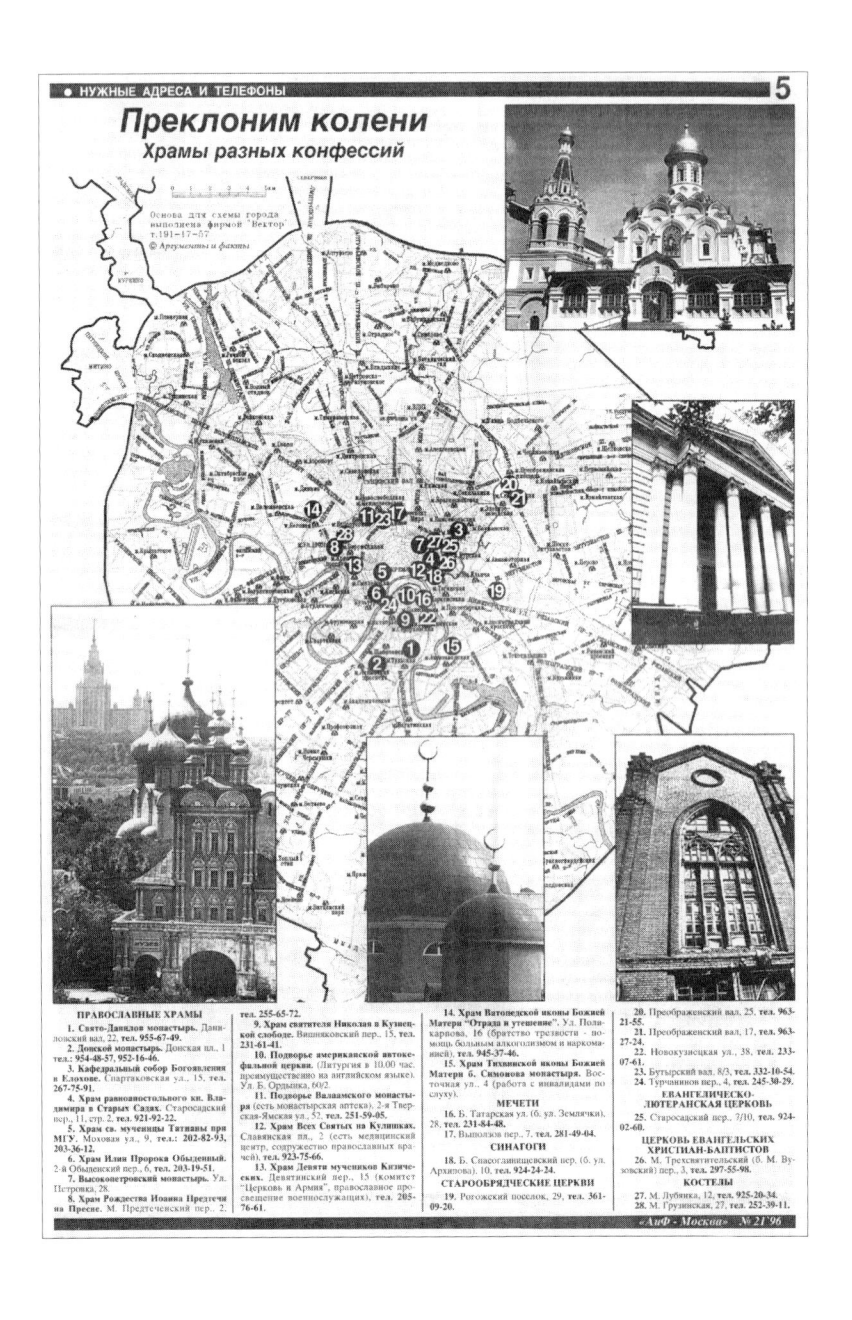

УРОК 10

Искусство

1 ЧИТАЕМ И РАСШИРЯЕМ СВОЙ СЛОВАРНЫЙ ЗАПАС

1.1 Эти слова и словосочетания понадобятся вам для обсуждения данной темы:

кинематограф: российский кинематограф
кино: реалистическое кино; снимать кино; киноиндустрия
фильм: художественный/документальный/научно-популярный/кассовый фильм; делать фильм
режиссер: кинорежиссер
экран: широкий экран; изобразить на экране
экранизировать: экранизировать классику
экранизация: экранизация произведения
герой: главный герой
главная роль: сниматься в главной роли
персонаж: основной/центральный персонаж
трактовка: трактовка образа/событий
зритель: массовый/театральный зритель (в значении — публика, *мн.ч.* зрители)
аудитория: зрительская аудитория
кинофестиваль: кинофестиваль в Каннах; Московский кинофестиваль
просмотр: закрытый просмотр; просмотр фильма
театр: оперный/драматический/камерный/музыкальный театр; театр оперетты/одного актера/оперы и балета; Большой театр; Малый театр; театр «Современник»; театр «Содружество актеров театра на Таганке»; Ленком
постановка: театральная постановка; постановка режиссера
поставить: поставить спектакль
сцена: поставить на сцене; на сцене театра
роль: главная роль; играть (главную/второстепенную) роль
драма: классическая/романтическая драма
спектакль: сценический/театральный спектакль; начало/окончание спектакля
критик: театральный критик

играть: играть роль/в театре
премьера: премьера спектакля/пьесы; премьера состоялась
сезон: театральный сезон; сезон открывается/заканчивается; начало/конец сезона
актёр: актёр театра; известный актёр
репетиция: генеральная репетиция
занавес: занавес поднимается/опускается
зал: зрительный зал
партер
амфитеатр
бельэтаж
ложи бенуара
ложи
1-ый ярус
билет: купить билет; билет в кино/театр
живопись
картина
холст
краски
палитра
художник
художница
картинная галерея
рисовать
писать: писать картины; писать красками; писать музыку
рисунок
диптих
триптих
манера
модель
замысел
музыкант
музыка
композитор
исполнитель
виолончелист
пианист
скрипач
флейтист
инструмент
оркестр
симфония
играть
дирижёр
дирижировать

1.2 Прочитайте текст 1.

ТЕКСТ 1
ГРИГОРИЙ ЧУХРАЙ: ЖИЗНЕННЫЕ ПРИНЦИПЫ

Г. Чухрай — известный советский режиссер, внесший большой вклад в развитие отечественного кинематографа. Он никогда не был партийным художником и его лучшие фильмы годами «лежали на полках», потому что он старался делать их в соответствии со своими принципами, о которых вы прочитаете ниже, в его интервью газете «Аргументы и Факты»:

— Когда режиссер знает, что хочет сказать, он стремится к абсолютной ясности, старается быть искренним и понятным. И если это сделано профессионально, без упрощенностей и заигрывания со зрителем, можно не сомневаться, что будешь интересен и домохозяйке, и академику. А вот стремление использовать кинематограф для того, чтобы возвысить свою персону до масштабов мировой значимости, недопустимо. Я имею в виду так называемые способы самовыражения в искусстве. Когда режиссер начинает рассказывать с экрана о себе, любимом, демонстрировать свою неординарность, это, как правило, скучно и малопонятно. Настоящий художник свидетельствует не о себе, а о времени, в котором живет, и о своих современниках. Иногда о своем понимании прошлого.

— Наверное, хороший фильм, как хорошая песня, живет в людской памяти годы и десятилетия. Вне зависимости от классовых градаций и государственных градаций, как вы уже сказали.

— Да, это верно. Когда я получил в Каннах приз за «Сорок первый», то подумал, что причина — в самой трактовке образа главного героя. Белогвардейский офицер изображен в фильме интеллигентным порядочным человеком, и это, конечно же, не могло не импонировать зарубежной зрительской аудитории, в среде которой немало эмигрантов первой волны. Впрочем, не для них я делал эту картину. Но когда я вез в Канны «Балладу о солдате», то, честно говоря, сомневался. Какое дело, думал я, этим разнаряженным и надушенным господам до горя русской бабы, потерявшей на войне сына? Оказалось — плачут так же, как у нас в Конотопе!

ГРИГОРИЙ ЧУХРАЙ

— Несмотря на большую зрительскую любовь, которую этот фильм завоевал с первых же просмотров, пробиться через чиновничьи препоны было непросто. Ведь именно за «Балладу...» вас исключили из партии...

— «Баллада о солдате» не вписывалась в привычную схему, не соответствовала общепринятым аппаратным установкам о том, как нужно изображать войну на экране. В то время было принято делать фильмы, в которых солдаты идут в бой и умирают, как выразился недавно наш министр обороны, со счастливой улыбкой на лице. Я прошел всю войну, видел много смертей и знаю: смерть всегда безобразна. Я восхищался подвигом, но любоваться смертью — грех. Я не любил таких фильмов. В этой цепи солдат мог быть и я. И что же, вы будете, развалясь в кресле, с удовольствием смотреть, как мы погибаем? Э, нет! Так дело не пойдет. Я решил снять фильм, который будет противостоять этой лживой моде, и рассказать в нем о том, как много теряет мир, когда погибает один хороший человек. Этого мне и не простили. Поднялась чиновничья возня, меня обвинили в том, что я опорочил Советскую Армию, и исключили из партии. А фильм на широкий экран не пускали, он демонстрировался на окраинах и в рабочих клубах.

Потом, когда «Балладу...» разрешили, и мы показали ее в Доме писателя, кто-то сказал при обсуждении: «Вы попали в самую точку».

— Значит, при старой системе можно было снимать хорошие фильмы?

— Я нисколько не идеализирую прошлое, но самая плохая система лучше смуты, в которой мы сегодня живем. Мы уже несколько лет топчемся на месте, ничего существенного не создаем.

Строятся офисы, но разрушаются производство, школы, больницы, институты — все, что создано и накоплено десятилетиями. Ни один хозяин не станет рушить старый дом, прежде чем построит новый. А мы с легкостью необычайной все враз обрушили, а теперь не знаем, что делать, где скрыться от непогоды. А наше поколение уже не может этому противостоять. Все мы старые, больные, многие инвалиды, боремся, в основном, со своими недугами.

— Простите, Григорий Наумович, но у меня создалось впечатление, что вы совсем не щадите себя и очень много работаете в ущерб своему здоровью.

— Я должен спешить. Жизнь человеческая ограничена во времени, и меня никак не утешают заверения политиканов в том, что вот-вот наступит вожделенный капиталистический рай. На самом деле идет разрушение не только материальных ценностей, но и нравственных ценностей. Договорились до того, что и победа над Гитлером нам вроде бы ни к чему: «Если б мы проиграли войну, то сейчас пили бы баварское пиво». Нет, господа, если бы мы проиграли войну, то сейчас вы бы хлебали помои и собирали объедки с барского стола, как и положено рабам.

— Понятия «будущее» и «счастье» — из одного ряда. Нет, наверное, на всей земле ни одного человека, который не хотел бы для себя счастливого будущего. У героев вашего фильма «Жили-были старик со старухой» разное представление о счастье. И все

Искусство 125

попытки старика навязать Нинке свое понимание счастья безуспешны. Потому что нельзя насильно сделать человека счастливым.

— Да, нас пытаются насильно осчастливить. Капитализм, который нам усиленно навязывают, — это далеко не райские кущи и не общество равных возможностей. Это жестокий и во многом несправедливый общественный строй.

— Однако известно, что в середине 60-х годов вы организовали студию, работающую по законам капиталистической экономики. Зачем?

— В 1965 году мы с Владимиром Познером (отцом известного тележурналиста) организовали экспериментальную хозрасчетную творческую студию. Мы снимали хорошие фильмы и доказали, что кризис нашей системы — а это был кризис — можно преодолеть, не разрушая страну и того, что было достигнуто величайшим трудом нашего много-национального народа. Из кризиса есть бескровный выход, из смуты — только кровавый. Я до сих пор горжусь результатами этой работы. Но нашим опытом не воспользовались. Студию закрыли с формулировкой: «У вас большие успехи, но не может же эксперимент длиться всю жизнь». Я всегда стремился принести пользу своей стране и не жалею десяти лет, отданных этой студии. С нашей страной может случиться все, что угодно, но не по моей вине. Это мой принцип.

(«Аргументы и Факты», №12, 1996 г.)

1.3.а Объясните значения следующих словосочетаний:

импонировать зарубежной зрительской аудитории
разнаряженные и надушенные господа
какое им дело до
плачут также, как у нас в Конотопе
завоевать любовь зрителей
пробиться через чиновничьи препоны
не соответствовать общепринятым аппаратным установкам
в то время было принято делать фильмы
так дело не пойдет
поднялась чиновничья возня
опорочил Советскую Армию
фильм на широкий экран не пускали
попал в самую точку
самая плохая система
топтаться на месте
работать в ущерб своему здоровью
понятия из одного ряда
насильно осчастливить
хозрасчетная студия

1.3.б В тексте иногда употребляются слова и выражения:

просторечные:

баба (женщина)
вроде бы (как будто бы; кажется)
ни к чему (не нужны)
так дело не пойдет (это не годится; так нельзя)

устаревшие:

смута

библейские:

райские кущи

Объясните, что значат слова в двух последних категориях.

1.4 Обратите внимание на устойчивые словосочетания, использующиеся в данном тексте. Придумайте свои предложения с подчеркнутыми словосочетаниями:

абсолютная ясность; мировая значимость; <u>жить в памяти</u>; <u>главный герой</u>; белогвардейский офицер; <u>интеллигентный/порядочный человек</u>; зрительская аудитория; эмигранты первой волны; <u>завоевать любовь</u>; пробиться через препоны; исключить из партии; вписываться в привычную схему; министр обороны; <u>со счастливой улыбкой на лице</u>; <u>восхищаться подвигом</u>; топтаться на месте; <u>создается впечатление</u>; <u>работать в ущерб здоровью</u>; материальные и нравственные ценности; <u>проиграть войну</u>; <u>навязать кому-то свое понимание чего-то</u>; <u>безуспешные попытки</u>; райские кущи; общество равных возможностей; (не/справедливый) общественный строй; работать по законам (капиталистической) экономики; <u>организовать хозрасчетное предприятие</u>; творческая студия; экспериментальная студия; <u>снимать фильмы</u>; <u>преодолеть кризис</u>; достигать трудом народа; многонациональный народ; выход из кризиса; <u>гордиться результатами работы</u>; воспользоваться опытом; большие успехи; приносить пользу

1.5 Образуйте существительные от следующих глаголов:

Пример: стремиться — стремление

стараться	изображать
создавать	ограничивать
сомневаться	наступать
использовать	навязывать
возвысить	достигать
получать	начинать
завоевывать	работать
исключать	демонстрировать
умирать	рассказывать
восхищаться	жить

противостоять	думать
решать	делать
разрешать	плакать
обвинять	соответствовать
разрушать	любить
прощать	снимать/снять (фильм)
накапливать	терять
знать	погибать
показывать	идеализировать
строить	бороться
спешить	проиграть
хлебать	организовать
доказать	гордиться
закрыть	жалеть
случаться	

1.6 Подберите соответствующие глаголы к следующим существительным:

Пример: заигрывание — заигрывать

стремление	значимость
самовыражение	понимание
зависимость	трактовка
просмотр	установка
любовь	смерть
возня	обсуждение
производство	заверения
разрушение	представление
формулировка	эксперимент

2 ПИШЕМ, ИЗУЧАЕМ ГРАММАТИКУ

2.1 Представьте себе, что вы пишете для журнала «Театральная неделя». Прочитайте внимательно текст 2. Сократите его, отобрав только те предложения, которые несут содержательную фактическую информацию и, опустив те, которые дополняют и развивают основную мысль, дают малозначительные подробности или субъективную оценку автора статьи. Вы можете сокращать или изменять предложения, если необходимо.

ТЕКСТ 2
«ТУЗ» ОТЕЧЕСТВЕННОЙ РЕЖИССУРЫ ПОСТАВИЛ «ПИКОВУЮ ДАМУ»

Впервые зритель увидел «Пиковую даму» на сцене не оперного, а драматического театра.

Публика, утомленная в минувшем сезоне не самыми лучшими постановками, насладилась, наконец, блестящей работой мастера.

Петр Фоменко, на которого в последние два года пролился звездный дождь заслуженных наград, не просто поставил, а скорее прочитал на сцене московского Театра имени Евгения Вахтангова одну из самых загадочных повестей Пушкина. Внимательно, вдумчиво, с интересом, как сегодня, к сожалению, классику читать уже не принято.

Поначалу творческая затея Фоменко — сделать спектакль без пьесы, то есть ни слова не изменяя в «золотой прозе» гения, — вызвала недоумение даже у единомышленников.

Он придумал нехитрый, но остроумный ход: персонажи появляются на сцене с томиками в руках и начинают читать. Сначала вразнобой, затем — по ролям, все основательнее входя во вкус, но продолжая периодически подглядывать в книгу. Стилизация под «чтение в лицах» позволила Фоменко не потерять ни крупицы пушкинского текста. Перенаселенность спектакля персонажами рассеивает драматизм событий, придавая им характер эпизода оживленной петербургской жизни, а мистика превращается в шутливую игру. История «Пиковой дамы» в сценическом изложении Фоменко призвана развлекать и интриговать зрителя, не претендуя на сочувствие к кому бы то ни было.

Покидая театр с легким сердцем и в хорошем настроении, зритель вдруг осознает, что романтическая драма теперь превратилась в экстравагантный анекдот из прежней жизни.

Правда, некоторые критики разглядели в постановке более глубокий смысл, считая, что Фоменко сделал спектакль о сегодняшнем дне. Но не про «новых», а про «старых» русских, тех, кто не способен играть. Он

Искусство

поставил «Пиковую даму» в стране, где легкость мгновенной наживы вновь овладела массами.

Кто такие эти «миллионы обманутых вкладчиков», отдавших свои сбережения сомнительным дельцам ради обещанных высоких процентов? Старухи, вложившие в финансовые «пирамиды» свои последние гробовые деньги? Журналисты и врачи, учителя и инженеры, всю жизнь живущие от получки до получки и не имевшие ранее возможности рискнуть? Демонизм одиночки, которому нужны «три карты», стал массовым психозом. Но судьбу по-прежнему не обыграть. Одним ударом, вдруг, жизнь не переменить.

Чувство глобального веселого проигрыша владеет залом, и потому громовым смехом он отвечает на коронную репризу Графини. Ее нечленораздельное «мня» означает «Не видать вам ни покоя, ни независимости». Вот ответ судьбы и «новым», и «старым» русским. Этим настроением и дышит спектакль Фоменко, признанный критиками лучшей премьерой сезона.

(«Спутник», август 1996 г.)

2.2 Выпишите все предложения с деепричастным оборотом. Определите форму деепричастия (вид, время). Переведите предложения на английский язык.
(Wade, §367–78)

2.3 В следующих примерах измените придаточные предложения в деепричастные обороты. Будьте внимательны. Помните, когда употребляются деепричастия совершенного и несовершенного вида, настоящего и прошедшего времени.
(Wade, §367–78)

Пример:

1. После того, как священник из Новосибирска, отец Виктор, решил заменить для солдат существовавших ранее комиссаров, он сопровождал их во всех боевых операциях. С ними он прошел чеченскую войну, участвовал в десантных высадках, прыгал с парашютом и постигал армейскую науку.

Священник из Новосибирска, отец Виктор, решив заменить для солдат существовавших ранее комиссаров...

2. Знаменитая советская балерина Галина Уланова, которая протанцевала на сцене Большого почти полвека, все же осталась душой верна Петербургу.

3. В фильме Дмитрия Астрахана «Из ада в ад» основным содержанием является процесс выбора, процесс национальной самоидентификации. Сюжет этот начинается за благополучным пиршественным столом. Девочка Фелечка, после того как она радостно прочитала всем собравшимся стихи, заливается слезами в ответ на наивно-беззастенчивый вопрос соседских ребятишек: «Так ты теперь еврейка?»

4. Виктор Шамиров, недавний выпускник режиссерского курса в ГИТИСе,* который дебютировал в этом году «Дон Жуаном» Л. Толстого, вышел из учебной мастерской в театр и теперь испытывает его возможности и свою фантазию. «Дон Жуана» он ставит в самом большом театре страны и задействует всю возможную сценическую механику Театра Армии, когда усаживает зрителей на поворотный круг и вращает его, двигает лифты и разноуровневые площадки. Когда ему нужны космические масштабы, разъезжается занавес, который открывает пустой полуторатысячный зал.

5. Свой второй спектакль — «Не все коту масленица» А. Н. Островского — он ставит на самой маленькой московской площадке — в театре-студии «Человек», где ухитряется поместить и каморку Кругловой, и дом Ахова.

* ГИТИС — Государственный институт Театрального искусства

2.4 Прочитайте текст 2 и напишите все, что вы узнали о художнице Татьяне Назаренко. Начните с фактической информации. Затем, обобщая то, что художница говорит о себе, постарайтесь развить и дополнить ее, придав, по возможности, объективный характер.

ТЕКСТ 3
ЖИВОПИСЬ, СОШЕДШАЯ С ХОЛСТА, И ЖИЗНЬ ВОПЛОЩЕННАЯ В КРАСКАХ

Услышав о том, что Татьяна Назаренко, известная российская художница, в крупнейшем выставочном комплексе столицы представила инсталляцию, я вспомнила весьма яркое описание произведения этого жанра: «Возьмите 10кг говяжей вырезки, порежьте тонкими ломтиками и сшейте из них бечевкой платье». Манекен в таком наряде был выставлен в одной из лондонских галерей. Там же были инсталляции с мертвыми и живыми бабочками, мухами, пожухлыми овощами и электромеханическими устройствами, способными и током ударить зрителя.

— Нет-нет, — возразила художница, — речь идет совсем о другом. Я не люблю самого слова «инсталляция», вернее того, что им обозначают, но замену ему не нашла. Моя инсталляция — это живопись, сошедшая с холста.

... Два огромных зала заполнили десятки фигур, как бы пришедших сюда с улиц Москвы.

— И из подземных переходов, — уточняет художница. — Я всегда в своих картинах хотела передать ощущение времени. Для меня вот это — время. Реальность уйдет, она не вечна. Хотя я понимаю и творения мои не вечны — силуэты из фанеры, больше ничего.

Это люди — словно живые. Особенно хороши они были в деревне, где у художницы дом. Фигуры стояли за дверью, и те, кто входил, сначала говорили «Извините» и только потом: «Фу, что это такое!..»

Есть тут уличные музыканты, торговцы, бродяги, все разнообразие «публики из переходов», столь характерной для сегодняшней столицы.

— В переходе, через который я хожу по дороге домой, — рассказывает Татьяна, — часто поет певица, профессиональная. Сама я не разговаривала с ней, но прочла ее интервью в газете. Она так поет, что становится неудобно: вот, проходишь мимо и мешаешь ей петь. И деньги дать, честно говоря, неловко. По-моему, она не видит толпу. И уже не понимаешь, где ты, зачем здесь она, что за время на дворе...

Я работаю, чтобы высказать нечто для меня важное. А варьирую одну и ту же тему — одиночество. Это одна из самых значительных драм, неизбежно подстерегающих человека в разных ситуациях жизни.

Татьяна Назаренко не принадлежит ни к тем, кто рисует «с самого рождения», ни к тем, кто вырос в семье или среде художников. По ее собственному выражению, она появилась «абсолютно на ровном месте». Сначала — Московская художественная школа, затем — Суриковский институт. Училась точности рисунка, подражала мастерам Возрождения.

Назаренко пробовала себя в примитивистской манере, в строгой неоклассике, в романтизме... В 80-е годы на первый план в ее творчестве вышла современная социально-бытовая тема. Известные работы этого периода: «Воспоминания», «Лето в Быкове», триптих «Жизнь», диптихи «Витрина» и «Старость».

— Я пишу не жизненные события или явления, а свои эмоции — и чаще негативные. Когда все лучезарно — мне не хочется работать.

Во многих работах художница изображает себя. К себе она так же беспощадна, как к любой другой модели. В картинах «Цветы. Автопортрет», «Циркачка», «Обнаженная» художница сбрасывает с себя покровы. Она беззащитна — среди людей равнодушных, погруженных в себя.

— То, что меня волнует, я должна оставить на холсте. Иначе я не могу освободиться от замысла, как мать, которая ждет дитя. Картины — те же дети, они покидают меня, у каждой — своя судьба, счастливая или несчастливая. Одни спокойно висят в музее, другие где-то бродят.

Создавая картину, как бы подводишь итог какому-то этапу собственной жизни. Неосуществленная вещь мешает жить, тревожит. Так ощущаешь свою ответственность перед судьбой, которая дала тебе возможность творчества.

На меня мало повлияла ситуация в России. Понятие «коммерческое искусство» ко мне отношения не имеет. Мои картины не очень украшают стены. Есть, конечно, вещи, которые я пишу, чтобы жить. Пейзажи, например. А что-то другое я пишу для себя. Я — художник социальный, и это «что-то другое» — наша действительность. Даже если моя работа никого не будет интересовать, я все равно буду писать жизнь людей.

(«*Спутник*», *№3, март 1996 г.*).

Искусство   133

3. ОБСУЖДАЕМ ПРОБЛЕМУ, ОБМЕНИВАЕМСЯ МНЕНИЯМИ, ВЫСКАЗЫВАЕМ СВОЮ ТОЧКУ ЗРЕНИЯ, ПРОСТО ГОВОРИМ...

3.1 Как вы думаете, что Г. Чухрай имел в виду, говоря:

— Когда я вез в Канны «Балладу о солдате», то, честно говоря, сомневался. Какое дело, думал я, этим разнаряженным и надушенным господам до горя русской бабы, потерявшей на войне сына? Оказалось — плачут так же, как у нас в Конотопе.

(Кстати, почему здесь употреблено довольно грубое, просторечное «русская баба» вместо, например, «русская женщина»?)

— Ни один хозяин не станет рушить старый дом, прежде чем построит новый. А мы с легкостью необычайной все враз обрушили, а теперь не знаем, что делать, где скрыться от непогоды.

— Нет, господа, если бы мы проиграли войну, то сейчас вы бы хлебали помои и собирали объедки с барского стола, как и положено рабам.

— Капитализм, который нам навязывают — это далеко не райские кущи.

— Из кризиса есть бескровный выход, из смуты — только кровавый.

3.2 Согласно ли вы с тем, что:

— нельзя насильно сделать человека счастливым? Почему?
— «эксперимент не может длиться всю жизнь», даже если он имел большой успех? Почему?
— из кризиса есть бескровный выход — из смуты только кровавый?

3.3 Ответьте на вопросы:

— Любите ли вы кино?
— Как часто вы ходите в кино?
— Какие фильмы вы предпочитаете смотреть и почему?
— Какие ваши любимые фильмы? режиссеры? киноактеры?
— Смотрели ли вы или слышали о каких-нибудь советских фильмах? российских постперестроечных фильмах?
— Каких советских (российских) режиссеров (актеров) вы знаете?
— Что вы можете сказать:
    — о советском кино?
    — о кино постперестроечного периода?

(тематика, проблематика, трактовка образа положительного/отрицательного героя, шкала ценностей, приоритеты и т.п.)

3.4 Просмотрите еще раз текст о художнице Назаренко и ответьте на вопросы:

1. Видели ли вы когда-нибудь то, что называется «инсталляция»? Соответствует ли это описанию, приведенному в статье?
2. Как вы сами относитесь к модернистскому авангардному искусству?
3. Какое искусство вы предпочитаете: модернистское или традиционное, реалистическое? Почему?
4. Заинтересовала ли вас Татьяна Назаренко как художница? Почему?
5. Согласны ли вы с тем, что на художника не влияют экономические и политические перемены в стране?
6. О чем еще вы узнали из этой статьи помимо живописи? Что, например, вы можете сказать о московских подземных переходах? Есть ли что-нибудь подобное в вашем городе?

4 СЛУШАЕМ, ГОВОРИМ...

4.1 До того, как вы прослушаете запись интервью со знаменитым виолончелистом и дирижером Мстиславом Ростроповичем, подумайте, какие вопросы вы бы задали, если бы вам предстояло интервьюировать его. Запишите их и сравните с вопросами других студентов в вашей группе.

4.2 Теперь прослушайте запись и посмотрите, на какие из ваших вопросов вы можете найти ответы в предлагаемом интервью. Расскажите об этом классу.

МСТИСЛАВ РОСТРОПОВИЧ: «ВСЕ, ЧТО Я ИГРАЮ, Я ЛЮБЛЮ...»
(Текст для прослушивания)

Мстислав Ростропович познакомился с виолончелью, когда ему был... месяц. Вот и доказательство — фотография: младенец Ростропович в футляре от инструмента, с которым он никогда не расставался.

— Так началась моя жизнь, отец был виолончелистом. А я впервые сыграл с оркестром в 13 лет.

— Исполнитель победил в вас композитора. Ведь вы учились у великого композитора современности Дмитрия Шостаковича и сочиняли?

— Шостакович — это мой идол, я перед ним всю жизнь преклоняюсь. Знаете, у него на столе под стеклом лежал портрет Мусоргского. Я спросил его: «Зачем?». Он ответил: «Когда я смотрю в эти глаза, мне легче кидать свои сочинения в корзину». Вот и у меня так. Начал писать симфонию, через два дня вижу: о-очень похоже на Шостаковича, только намного хуже. Такая же история была с Прокофьевым: бегал на репетиции

Пятой симфонии, влюбился в эту лучезарную музыку, дома сел за стол... о-очень похоже на Прокофьева, но намного бледнее. И стало ясно, что я Исполнитель по сути. По природе. Это значит, что я способен преображаться. Исполнитель в музыке — это человек, меняющий свой вид, как хамелеон. Если вы меня спросите про моих любимых композиторов или произведения, я никогда не отвечу. Все, что я играю, я люблю до обморока.

— Тогда я спрошу о другом: почему вы полюбили политические акции? То к «Белому дому», то к Берлинской стене...

— Что вы, солнышко, я политику ненавижу! Просто у меня в жизни есть три великих дня: День Победы в Великой Отечественной войне, конец путча и крушение Стены. Это символические вещи! Когда меня в 74 выгнали из Советского Союза, моя жизнь разделилась как бы на две части. Символом двух разъединенных жизней стала для меня Берлинская стена. Я был в Париже, когда увидел по телевизору, что на Стене толпа людей. Я понял, что она рушится, и почти лишился чувств: две мои жизни объединялись, мир становился единым! На следующий день я сел на самолет и направился к святому месту — я хотел играть Баха там, где сливались две мои жизни, — среди толпы, в центре Берлина, под открытым небом.

— Это трудно — совмещать карьеру виолончелиста и дирижера?

— Нет. У двух моих специальностей разная психологическая основа. Виолончель — это мой голос. Я привык к ней, как к части своего тела, как певец к голосу, потому что нервные окончания моих пальцев непосредственно извлекают звук. Мы с ней вдвоем, и между нами никого нет. А когда я дирижирую, между мной и инструментом стоит второй человек, которому я пытаюсь передать то, что чувствую сам. Заставить его ощутить музыку по-своему — любым способом, вплоть до гипноза, выражения лица и, конечно, мануальной техники.

— Чем вы дирижируете охотнее всего?

МСТИСЛАВ РОСТРОПОВИЧ

— Я очень люблю оперу — жанр, где человеческий характер и музыка связаны узлом. Работая над постановкой «Хованщины» в Большом театре, я в Мусоргского влез с головой. Мусоргский — это первый музыкальный гений России...

— Что в Вишневской вы полюбили сначала — певицу или женщину?

— Что за вопрос? Женщину, конечно. И она ничего не знала про меня виолончелиста, еще полгода после свадьбы мою фамилию выговорить не могла. У своей подруги спрашивала: «Слушай, Ростропович — он как, ничего играет?» Она меня сразила сразу и наповал. Я обедал в ресторане, и в этот момент вплыла Она... У меня кусок в горле застрял! Представляете, как я был потрясен, если при моей внешности смог покорить ее всего за четыре дня?

— Если не секрет, чем берут такие «крепости»?

— Чуством юмора. Когда я ее увидел, из меня посыпался ливень шуток, острот, смешных историй... В последний день перед «капитуляцией» Галя руками держала себе щеки — боясь, что от смеха появятся морщины: она без перерыва хохотала. Ну вот, досмеялась. Сорок лет уже смеется. Двое детей, шестеро внуков.

— Где же ваш дом — в Москве?

— Мне пришлось построить по всему миру «русские острова». Я ведь думал, что никогда не вернусь в Россию. В Париже у меня прижизненные издания Пушкина, Гоголя, картины — Россия XVIII-XIX веков. В Лозанне — Россия современная. Мы коллекционируем живопись.

— Что же покупают миллионеры?

— Я начинающий миллионер. Я меняю пот на пот. Играю концерт — и мучаюсь, потею. Потом получаю деньги и хочу обменять их на мучения другого художника.

— Куда вас первым делом ноги ведут, когда приезжаете в Москву?

— На кладбище. Я должен упасть на колени перед могилами друзей: Шостаковича, Гилельса, Ойстраха... Александра Дедюхина — партнера, с которым играл 30 лет.

— Как вас Галина Павловна отпустила в Москву во время путча?

— Ее просто не было в это время в Париже. А я сразу решил, что поеду в Москву умирать. Потому что, если все вернется обратно, какой тогда смысл? Я был уверен, что меня убьют. Приготовился...

— И так спокойно думали о смерти?

— А я к ней готов в любую секунду. Потому что у меня жизнь была полна счастья. Счастья, музыки, любви, друзей, тепла...

(«Спутник», №3, март 1996 г.)

4.3 Ответьте на вопросы:

1. Как вы думаете, почему Ростропович стал виолончелистом, а не пианистом или скрипачом?
2. Ростропович учился у великого композитора современности Дмитрия Шостаковича. Стал ли он композитором, как его учитель? Почему?
3. Ростропович не остается в стороне от политической жизни. Почему он занимается политикой?
4. Как он соединяет карьеру виолончелиста и дирижера?
5. Какой его любимый музыкальный жанр? композитор?

6. Как он добился расположения любимой женщины?
7. Есть ли у него увлечения помимо музыки?
8. Ростропович — миллионер. Но особый. Что в нем особенного?
9. Почему он во время путча 1991 года немедленно поехал в Москву? Ведь это могло стоить ему жизни?
10. Наверняка, вы слышали о Ростроповиче раньше. Что нового вы узнали из этого интервью?

УРОК 11

Транспорт

1 ЧИТАЕМ И РАСШИРЯЕМ СВОЙ СЛОВАРНЫЙ ЗАПАС

1.1 Эти слова и словосочетания понадобятся вам для обсуждения данной темы:

транспорт: наземный/подземный/воздушный/железнодорожный транспорт
железная дорога
железнодорожная станция
железнодорожник
поезд: ездить на поезде/-ах

рельс: сойти с рельсов

пассажир

проводник

билет: железнодорожный билет; забронировать/купить билет

вагон: общий/купейный/мягкий/спальный/сидячий вагон

перевозки: железнодорожные/авиационные перевозки; воздушные пассажирские перевозки

гражданская авиация

«Аэрофлот» — единственная авиакомпания, существовавшая в Советском Союзе. После распада СССР разделилась на несколько более мелких авиакомпаний, таких как «Трансаэро», «Внуковские авиалинии» и др. Для удобства название «Аэрофлот» часто используется для обозначения гражданского воздушного флота России

авиакомпания: российская авиакомпания; частная авиакомпания

рейс: внутренний/международный/коммерческий/чартерный рейс

шоп-тур

авиалинии: российские/внуковские авиалинии

аэропорт: аэропорт Шереметьево; аэропорт Внуково; аэропорт Домодедово; аэропорт Быково

аэробус

самолет: летать самолетом/-ами; модель самолета; отечественные модели самолетов

салон

класс: бизнес-класс; первый класс; туристический класс; эконом-класс

бортпроводник

стюардесса

экипаж: командир экипажа

пилот

авиакатастрофа

борт (самолета): на борту; брать на борт

метро (метрополитен): московское метро; линии метро; протяженность линий метро; станция метро; схема (линий) метро

пассажиропоток — поток пассажиров

эскалатор

переход: переход на станцию

пересадка

1.2 **Прочитайте текст 1.**

ТЕКСТ 1

За год почти 1,2 млрд. человек в мире путешествуют по воздуху. Погибает по статистике лишь один из миллиона. У нас шансов разбиться в пять раз больше: каждый 200-тысячный пассажир СНГ становится жертвой авиакатастрофы.

С каждым годом мы летаем все меньше. В СССР, бывало, набиралось по 130 млн. пассажиров — сейчас в СНГ едва 45. В России в 1994 году — только 33 млн. И почти треть людей — в столице. Каждый день 25 тыс. человек прилетают сюда и столько же улетают из «Шереметьева», «Домодедова», «Внукова», «Быкова». Москва — единственный в стране регион, где объем перевозок до сих пор не снижается. На международных линиях он даже растет: тут и туризм, и деловые поездки, и шоп-туры... В прошлом году вполне платежеспособные пассажиры, что летят за рубеж, обеспечили российским авиакомпаниям прибыль в 200 млрд. рублей, в то время как внутренние рейсы обернулись убытком в 80 млрд.

Соответственно, в лучшем положении сейчас находятся компании, которые выполняют международные полеты. Прежде всего «Аэрофлот» («Шереметьево») — у него 100 самолетов, из них — два арендованных «Боинга-767», четыре А310, а остальные — «Илы» и «Ту». У «внуковцев» — более 30 собственных машин, в «Домодедово» — около 50, в «Быково» — 80-90. Кроме того, в Москве порядка 20 самостоятельных частных компаний. Большинство из них невелики, владеют двумя-тремя самолетами или вертолетами, а то и одним. В основном, все это наша старая техника: Ан-24, Ан-26, Ту-134, Ил-63М. Даже Ил-86 уже считается старым, а ведь аэробус был внедрен в 1980 году вместе с Як-42.

Теперь российские авиакомпании, обновляя парк, надеются на зарубежные самолеты. Например, на А310. После катастрофы под Междуреченском поползли слухи о его ненадежности. Но не все знают, что А310 имеет беспрецедентный по сравнению с отечественными моделями годовой налет — 3700 часов (то есть именно столько «чистого времени» самолет находится в воздухе и приносит прибыль). У Ил-62 этот показатель в 3 раза хуже, у Ил-86 — в 4. К тому же топлива наши машины «жрут» в несколько раз больше, чем их зарубежные собратья.

Самая светлая мечта российских авиакомпаний — «Боинг». Несколько машин уже есть у «Трансаэро». Говорят, у «Домодедова» имеется намерение обзавестись этими самолетами. Наши авиаторы согласны на любой «Боинг», даже «бывший в употреблении». Считается, что, даже если он выведен из эксплуатации **там**, это не значит, что не может летать **здесь**. Специалисты говорят, что в 1995 году приблизительно 35-40 машин западного производства появятся в небе России. Из них 5-6 — в Москве. Но все же «Боингами» нас не закидаешь — денег не хватит, так что будем летать на своих родных «Илах» и «Ту».

Сильнее всего они проигрывают западным самолетам в уровне комфорта. В тех и глаз отдыхает на удачно подобранном дизайне салона, и персональные наушники есть, и система телевизоров и видео. Да и кресла помягче. А у нас для скромного пассажира, летящего туристским классом, да еще курящего, слишком много поролона не предусмотрено. Его под собой почти совсем не ощущаешь, если приходится сидеть где-нибудь в хвосте самолета. Откидной столик перед тобой уже не держится, поблизости что-то дребезжит и вибрирует... Первый класс все же поприличнее: поролона больше, расстояние между креслами шире, бортпроводники внимательнее. Напитков с градусами и без — сколько угодно. Питание лучше, и даже вилочка с ложечкой мельхиоровые.

Питание — больная тема для бывалых пассажиров. Они знают не понаслышке, что такое особая «летная курица», умершая своей смертью и при погребении не постриженная. Но в воздухе уж что есть, то и приходится есть. Неплохо работают бортпроводники в некоторых новых российских авиакомпаниях — держат улыбку не только в первые две минуты общения, а намного дольше. «Аэрофлоту» тоже еще удается держать улыбку. Из внутренних лучший уровень обслуживания на рейсах «Москва—Санкт-Петербург». Молоды и заботливы бортпроводники «Трансаэро». На внутренних линиях бортпроводников до и после принятия пищи можно и вовсе не увидеть. Стюардесс «Домодедова» и «Внукова» в этом, говоря откровенно, упрекнуть трудно. Их пассажиры — граждане с Кавказа, с Востока, у многих из них свои представления о том, как нужно вести себя в салоне и общаться с экипажем. На международных линиях своя беда — шоп-туристы. В полете-то они ведут себя спокойно, им главное — как можно больше тюков в самолет запихнуть. В прошлом и позапрошлом годах на коммерческих чартерных рейсах случались авиапроисшествия из-за проблем с перегрузкой. И на пассажирских рейсах экипажи, пытаясь подработать, за взятки брали на борт лишних людей. Три самые страшные прошлогодние катастрофы, в которых погибло 2 288 человек, напрямую связаны не только с отказами техники, но и с отклонениями в работе экипажа, считают специалисты.

(«Аргументы и Факты», №13, 1995 г.)

1.3 Объясните значение следующих словосочетаний и фраз:

обернуться убытком
порядка 20 самостоятельных компаний
бывший в употреблении
глаз отдыхает на удачно подобранном дизайне салона
проигрывают в уровне комфорта
больная тема
бывалый пассажир
знать не по наслышке
держать улыбку
пытаться подработать
наши машины «жрут» больше топлива
напитки с градусами
поползли слухи

1.4 Расшифруйте сокращения:

млрд.
млн.
тыс.

Транспорт

1.5 Прочтите и запишите словами следующие числительные в составе словосочетаний из текста: (Wade, §191)

почти 1,2 млрд. человек
каждый 200-тысячный пассажир
набиралось до 130 млн. пассажиров
в 1994 году набралось только 33 млн.
25 тыс. человек прилетают в Москву ежедневно
у «внуковцев» — более 30 собственных машин
в «Домодедово» — около 50 самолетов
в «Быково» — 80-90 машин
в Москве порядка 20 самостоятельных компаний

1.6.а Прочтите вслух словосочетания, обозначающие марки самолетов:

Ил-62	Ан-24	Ту-134	Боинг-767
Ил-63М	Ан-26	Ту-154	А-310
Ил-86	Як-42		

1.6.б Какие из них российские и какие из них западные?

1.6.в Знаете ли вы, что обозначают аббревиатуры Ил? Ан? Ту? Як?

1.7.а Текст 1 можно условно разделить на три части:

1. Статистические данные о ситуации с воздушным пассажирским транспортом и авиационными перевозками в России.
2. Обновление парка российских авиакомпаний.
3. Проблемы в сфере воздушных пассажирских перевозок.

Найдите «границы» каждой части. Как можно охарактеризовать стиль каждой части?

— как стиль официальных сводок?
— как бытовой стиль?
— как разговорный стиль?

1.7.б Найдите в соответствующих частях текста языковые единицы, которые характерны для стиля:

— официальных отчетов
— разговорного

1.7.в Опустив несущественные детали, сократите каждую часть так, чтобы осталась самая важная объективная информация, представленная в официальном стиле. Запишите ее.

1.7.г Придумайте заголовок ко всему тексту.

1.8.а Найдите в тексте предложение, в котором обыгрывается слово «есть».

1.8.б Это слово употреблено дважды. Употреблено оно в одном и том же значении или в разных? Переведите это предложение на английский язык.

1.8.в Как называются слова одинаковые по форме и разные по значениям?

1.8.г Приведите собственные примеры таких слов. Переведите их на английский язык.

2 ПИШЕМ, ИЗУЧАЕМ ГРАММАТИКУ

2.1 Прочтите текст 1 еще раз. Помня, что мы разбили его для удобства на три части, сократите каждую часть, опуская несущественную и сохраняя важную информацию. Запишите основное содержание текста, используя не более 200 слов. Придайте новому тексту более-менее официальный характер. Используйте для этого стандартные обороты типа:

Согласно статистике...
По сравнению с...
Испытывать большие проблемы...
Специалисты считают...

а также пассивные конструкции.

2.2.а **Найдите в тексте 1 предложения с краткими формами прилагательных. Объясните их употребление.** (Wade, §159–75)

2.2.б **Из всех прилагательных, употребляемых в тексте, выберите те, у которых возможны краткие формы. Образуйте и запишите их. Поставьте ударение.**

2.2.в **Найдите и выпишите прилагательные в сравнительной степени. Образуйте от них положительную и превосходную степени. Запишите их.** (Wade, §176–89)

2.2.г **Из всех прилагательных, употребляемых в тексте 1, выпишите те, у которых возможны степени сравнения.**

2.3.а В следующем тексте заполните пропуски глаголом в нужной форме:

В мае 1996 года _____ (состояться) Всероссийский съезд железнодорожников. _____ (определить) программа развития отрасли, президентом _____ (подписать) Указ «О дальнейшем развитии железнодорожного транспорта Российской Федерации». Главным завоеванием на сегодняшний день, по общему мнению, _____ (являться) принципиальное решение правительства о сохранении целостности и единства отрасли. _____ (определять) место железнодорожного транспорта в народнохозяйственном комплексе России. _____ (получать) гарантии в поддержке со стороны правительства и лично премьер-министра России В. Черномырдина.

Основными направлениями реформ на транспорте _____ (признавать) — совершенствование тарифной политики, сокращение собственных издержек, грамотная научно-техническая политика, социальная сфера и заработная плата.

О чем еще _____ (говорить) с трибуны и в кулуарах съезда? Каждый второй выступающий _____ (выражать) поддержку политики нынешнего президента. Но достоверно известен, например, такой факт: руководитель одного из подразделений нашей дороги _____ (отказаться) ехать на съезд по одной только причине: _____ (не хотеть) участвовать в пропагандистской кампании. По его убеждению, такая кампания обязательно должна была быть развернута. Нельзя сказать, что он _____ (ошибаться).

Когда-то, как _____ (свидетельствовать) очевидцы Всесоюзного совещания железнодорожников в 1962 году — а после этого их и не было ! — руководитель государства Н. Хрущев, выступая, _____ (обещать), что поезд социализма _____ (обогнать) поезд капитализма. Не _____ (получаться). Сегодня, по образному замечанию В. Черномырдина, нам нужно не сойти с рельсов на пути к станции под названием «Нормальная жизнь». Давайте _____ (постараться).

(«Октябрьская магистраль», №94, май 1996 г.)

2.3.б Какие формы глагола преобладают и почему?

2.4 Переведите на английский язык:

НЕЮБИЛЕЙНЫЙ ГОД МОСКОВСКОГО МЕТРО

Сегодня Московскому метрополитену исполнился 61 год. Накануне за всю прошедшую эпоху отчитался нынешний его начальник Дмитрий Гаев. За эти годы общая протяженность линий метро выросла с 11,2 км до 255,7 км, а поток пассажиров — со 177 тысяч за весь 1935-й до 9 019 тысяч человек в первом квартале нынешнего года.

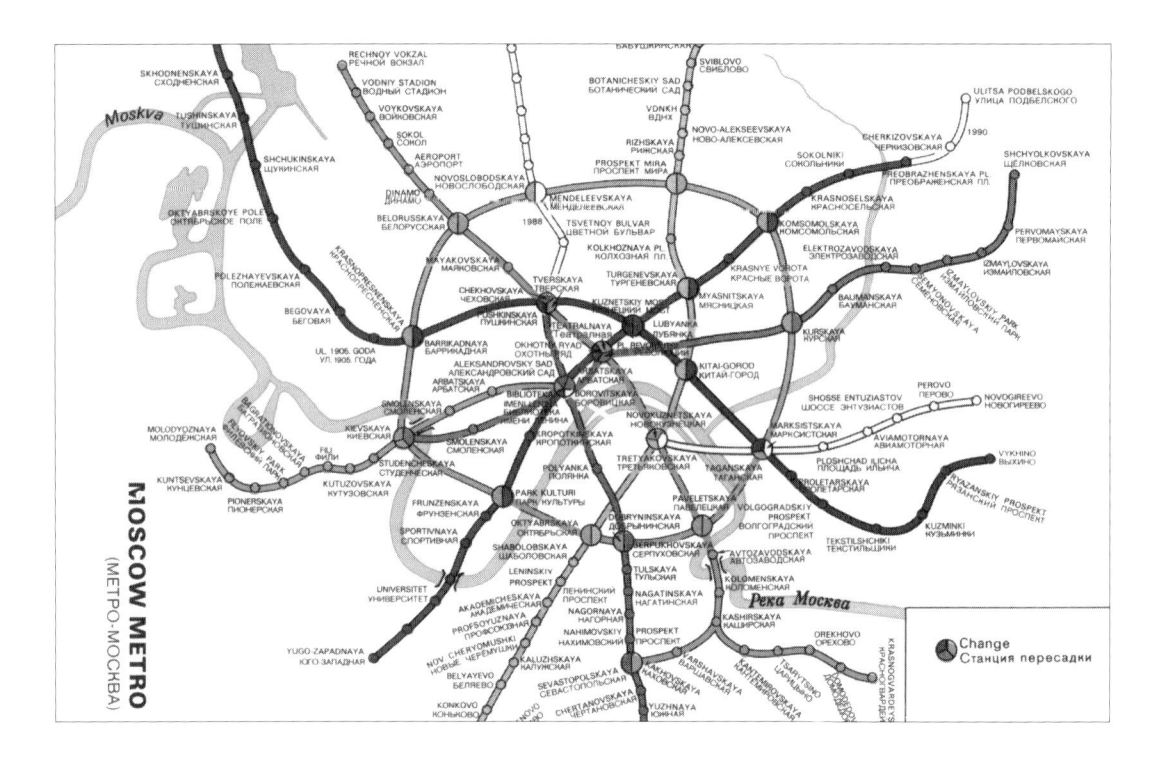

Г-н Гаев признал, что в 90% всех неприятностей, происходящих в столичном метро, виноваты его работники. Это связано, в частности, с тем, что 40% всех служащих метрополитена работают в нем не более 3 лет. Глава московского метрополитена предполагает вернуть метро его былую славу, для чего в настоящее время осуществляется специальная программа, к которой хотят подключить все 30 тысяч работников.

2.5.а В упражнении 2.4 вам встретился глагол «исполняться». Обратите внимание на его употребление в формах настоящего, прошедшего и будущего времени. Вспомните также, как изменяется слово «год» в зависимости от числительного, с которым оно употребляется.

2.5.б Заполните пропуски соответствующей формой глагола «исполняться». Правильно употребите слово «год» после числительных. (Wade, §193–95)

Настоящее время:

1. Мне сегодня _____ 21 _____ (год).
2. В этом году Московскому метро _____ 62 _____ (год).
3. У них совсем небольшая разница в возрасте: ей _____ 20 _____ (год), а ему — _____ 22 _____ (год).
4. Этот год для моей мамы почти юбилейный. Ей _____ 55 _____ (год).

Прошедшее время:

1. В прошлом году нашему колледжу _____ ровно 100 _____ (год).
2. Вчера мы были на дне рождения нашего школьного товарища. Ему _____ 41 _____ (год).
3. Как быстро летит время! Совсем недавно они еще были детьми, а теперь уже их малышу _____ 2 _____ (год).

Будущее время:

1. В следующем году моей бабушке _____ 99 _____ (год).
2. Через неделю ей _____ 18 _____ (год). Мне кажется, это самый лучший возраст!

2.6 **В приведенных предложениях определите, какой частью речи являются выделенные слова. Охарактеризуйте их по всем параметрам.**

Человек живущий в 70 км от Москвы и ездящий в столицу хотя бы 5 раз в неделю, <u>не считая</u> отпуска, проводит в электричках в общей сложности 30 суток. Представляете себе, покататься один месяц в году, <u>не выходя</u> из вагона.

... вы терпите под дождем ее сорокаминутное опоздание, а <u>будучи</u>, наконец, внесенными в нее толпой, замираете на полтора часа в неестественной позе.

Никогда не рассчитывайте на последние вагоны: можно круто «обломиться», <u>увидев</u> 10 вместо 12.

3 ОБСУЖДАЕМ ПРОБЛЕМУ, ОБМЕНИВАЕМСЯ МНЕНИЯМИ, ВЫСКАЗЫВАЕМ СВОЮ ТОЧКУ ЗРЕНИЯ, ПРОСТО ГОВОРИМ...

3.1 **Ответьте на вопросы по тексту 1.**

1. Как можно охарактеризовать ситуацию с воздушными пассажирскими перевозками в России? Как пессимистическую или оптимистическую?
2. Какие проблемы существуют сейчас в гражданской авиации России?
3. Что делается для решения этих проблем?
4. Хотели бы вы летать самолетами «Аэрофлота» на внутренних рейсах? на международных рейсах? Почему?
5. Как вы лично относитесь к путешествиям по воздуху?
6. Как часто вы летаете самолетами?
7. Услугами какой авиакомпании вы предпочитаете пользоваться? Почему?
8. Расскажите о своем самом памятном путешествии самолетом.

3.2.а Текст, который вы сейчас прочитаете, носит название «Тоталитарная элегия или коммунистический романс». Как вы думаете, это будет образец:

— сухого информационного текста?
— красочного художественного стиля изложения?

3.2.б Что обозначают слова «элегия» и «романс»?

3.2.в Что, по вашему мнению, будет отражено в этом тексте:

— фактическая информация, статистика?
— детальное описание станций Московского метрополитена?
— перечисление проблем, связанных с метро?
— перспективы развития Московского метрополитена?
— история Московского метро и роль, которую оно играло и играет в жизни москвичей?

3.2.г Прочитайте текст «Тоталитарная элегия или коммунистический романс» и проверьте правильность своего ответа. Пользуйтесь словарем для определения значений наиболее трудных слов и выражений.

ТОТАЛИТАРНАЯ ЭЛЕГИЯ, ИЛИ КОММУНИСТИЧЕСКИЙ РОМАНС

Настоящим европейским городом Москва стала только с появлением метро. Именно метро круто изменило психологию людей. Именно метро позволило провести безумно быструю экспансию на отдаленные пригороды, превратив сотни деревень в пустыри и бетонные спальные районы. Именно метро засосало в нутро столицы миллионы тех, кто жил в бараках и поселках, даже и не помышляя о московской прописке. Почему? Оно сделало передвижение быстрым и далеким. Была снята проблема рабочей силы. Схема Московского метрополитена в сознании даже самых наикореннейших москвичей навсегда изменила карту реального города. Спросите любого, где, в каком месте он проезжает на поезде под Москвой-рекой, под Яузой, под Бутырским валом, под парками, бульварами? Никто уже не знает...

Впрочем, все это естественно и понятно, но только на первый взгляд. Словно проложенная под землей электромагнитная схема, подземка не только изменила отношение обитателей города к месту обитания, сделав станции жизненными центрами мегаполиса, точками притяжения, узловыми моментами пространства. Основная странность заключается в том, что на протяжении почти трех или четырех поколений передавался стереотип отношения к метро как к самой достойной, красивой, представительной части города.

Лишенные всего личного, то есть личных отдельных квартир, машин, домов и земли, лишенные как бы даже и личной биографии, наши папы и мамы, дедушки и бабушки (хотя и проводившие в метро все-таки меньше времени, чем мы, — линии не были такими длинными) в глубине души считали подземный город гораздо более значительным, величественным, АРХИТЕКТУРНЫМ — то есть ясным и выраженным по форме, — чем город надземный. Лежавшая вокруг монументальных, воздушных, невероятных залов — «Кропоткинской» и «Маяковской», «Парка» и «Смоленской» — столица была в лучшем случае родной, привычной.

В те годы подземный город заметно контрастировал со своим прототипом и оригиналом. Он и казался чище, и выглядел просторнее. Он был наряднее, свежее, моложе, интереснее. Он просто приглашал посидеть. Отдохнуть. Расслабиться. Встретиться с девушкой. Покататься. Подумать.

Конечно, мистику московского метро невозможно исчерпать никакими историческими экскурсами. Да, его сделали невероятно монументальным — таков был стиль эпохи.

Но все это не дает никакого представления об атмосфере в этих подземных залах — атмосфере времен Хрущева, Брежнева, Андропова, Черненко, наконец, Горбачева.

А это ведь была удивительная, неповторимая, ни на что не похожая атмосфера.

Метро всегда служило единственным участком ЕДИНОГО СОЦИАЛЬНОГО ПРОСТРАНСТВА.

Метро в те годы было цитаделью демократии. Метро было тем местом в городе, где вас не могли арестовать, схватить, затолкать в машину. Даже документы спрашивали только наверху, на выходе. В метро было тепло и уютно. Многие из тех, кто передвигался в ту пору по линиям и пересадкам, не могли похвастать такими удобствами в своем собственном доме, в микрорайоне, на улице.

Безопасное и уютное метро словно бы выключало людей из реальной жизни. Скольжение, чудодейственное парение в пятом измерении погружало миллионы пассажиров в своеобразную нирвану — летучую, незаметную, готовую смениться раздражением и усталостью, но все же привычную и устойчивую. За это метро любили.

В сословном, кастовом, разграниченном ведомственными перегородками брежневском обществе метро было единственным местом встречи представителей всех сословий.

Суровые военные напряженно глядели, схватившись за поручни, на богемную, левацкую молодежь. Роскошные кокотки краем глаза внимательно наблюдали за добропорядочными семьями. Простые советские студенты находили здесь богатых невест. Бесприданницы — состоятельных пожилых женихов.

Окуджава* прав — нам не было тесно в этом метро.

Сегодня стало можно купить в метро и уж тем более возле метро вообще все. И эта коммерческая новая эпоха в биографии метро как-то сразу высветила дикий моральный износ. Все эти годы метро не трансформировалось, не модернизировалось — только строилось. Но и это немало. Каждая новая линия разгружала все предыдущие. И все же, и все же...

Коммерция дико увеличила нагрузку. И оно не выдержало. Любой человек с огромной коробкой, тяжелым тюком и безумной тележкой — это уже не один, а три, пять или десять человек.

Метро стало невыносимым и опасным. Стали ломаться эскалаторы, увеличиваться часы «пик», из-за бомжей, нищих и торговцев стал ухудшаться воздух нашего метро — это вообще очень тонкое понятие, толпы стали невероятными, а теснота немыслимой. Оно постарело именно в моральном, эстетическом смысле. Оно сбросило свое иллюзорное величие. И если говорить откровенно, то при Сталине оно было аристократическим, при Хрущеве, Брежневе, Горбачеве — демократическим, а сейчас, при нынешней власти, — плебейским. И это очень обидно.

Метро, утратившее свои функции компенсации, суррогата, обезболивающего, стало жестко-функциональным. И мы сегодня можем трезво сказать о метро прошлом, предыдущем — ведь оно нас обманывало.

Иллюзорная, натужная, как бы фанерная (хотя и сделанная из настоящего мрамора) роскошь метро, его прохлада и свет подслащивали нам пилюлю подневольного существования. Метро тащило нас с работы на работу, в армию и отпуск, в командировку и даже в кино с невозмутимой точностью робота-убийцы, с безвыходностью и безысходностью размеренного, аптечного быта. Радость метро под конец жизни начинала вызывать горечь, желчь, отрыжку, изжогу — человек понимал, чего его лишили эти светлые, прохладные залы.

И в этом смысле сегодняшнее метро — честнее. Прямее. Оно не обманывает. Оно трезво напоминает каждый божий день: мало зарабатываешь, старик. Оно четко фиксирует твой социальный статус, оно тычет носом в твою будничность. И правильно делает.

Отметим еще одно обстоятельство. Метро обрело свое истинное, незавышенное, нормальное значение в контексте исторической Москвы. Оно наконец-то перестало быть квази-городом, городом-обманкой. А стало просто связующим звеном между разными частями столицы. Но магия здесь, безусловно, есть. Метро не просто вобрало в себя историю, не просто осталось символом нашей «русскости», нашей советской ментальности.

Метро по-прежнему «тянет». Оно тянет в себя, в свой мир прохладного скольжения, в мир бодрой пустоты, в мир чёрных тоннелей, в мир безопасной опасности и праздничной будничности. Метро парадоксально и невыносимо. Метро прекрасно.

(«Новая газета», №80, апрель 1994 г.)

* Окуджава — популярный в среде студенчества и интеллигенции бард эпохи 60-80-х г.г. Умер в Париже в 1997 г.

3.3.а Что вы можете сказать об этом тексте с точки зрения языка? Какая часть речи употребляется больше всего и почему?

3.3.б Что из описанного в этом тексте:

— было вам известно ранее?
— было для вас новым, чего вы не знали?
— удивило вас больше всего?
— показалось вам довольно интересным?

3.3.в Кто, вы думаете, является автором этого текста? Почему вы так думаете?

4 СЛУШАЕМ, ГОВОРИМ...

4.1 До того, как вы прослушаете текст, постарайтесь ответить на следующие вопросы:

1. Что такое «электричка»?
2. Текст называется «Тусовка в электричке». Что такое «тусовка»?
3. Судя по названию, можно ожидать, что текст будет:
   — о расписании движения электропоездов?
   — о проверке билетов контролерами в электропоездах?
   — о несчастных случаях на железнодорожном транспорте?
   — о всевозможных ситуациях, в которых оказываются пассажиры, едущие на электричках?
   — об особом мире, особой атмосфере электричек, делающих случайных пассажиров как бы членами одного какого-то сообщества?

4.2 Прослушайте запись текста и проверьте правильность своего предположения.

4.3 Обратите внимание на значение следующих выражений, употреблённых в тексте:

Полугодовая езда по «студенческому»: студенты имеют льготы и могут покупать специальный студенческий проездной билет со скидкой. Однако нелегально льготным студенческим билетом пытаются пользоваться представители других категорий людей.

Вас вылавливают контролеры: при проверке проездных документов контролеры могут обнаружить, что студенческим билетом пользуется человек, не имеющий на это права. В этом случае он должен уплатить штраф.

Продавец книг будет вас голосом Левитана: во время ВОВ* все сводки с фронтов читал диктор по фамилии Левитан, обладавший необыкновенно красивым голосом. Он же торжественно возвестил о победе в мае 1945 г. С тех пор у людей многих поколений «голос Левитана» ассоциируется с необыкновенно красивым тембром и торжественной интонацией.

*ВОВ *(сокр.)* — Великая Отечественная война

Вас одолевают нищие и цыгане: вам не дают покоя нищие и цыгане, постоянно пристают, выпрашивая деньги.

Вас задевают саженцем: саженец — молодое деревце для посадки. Так как в электричках обычно ездят на дачу — загородный домик с садом и огородом, — люди везут туда все необходимое. Дачи — очень распространённое явление, характерное для России, особенно крупных городов, таких как Москва, Петербург и т.д.

Вас пристукивают какой-нибудь кадушкой: «кадушка» — небольшая бочка, используемая для хозяйственных нужд на даче *(см.выше)*.

Можно круто «обломиться»: ошибиться, потерпеть фиаско, неудачу.

В них лучше не соваться *(разг.)*: лучше не заходить в них.

Поиграть в «козла» *(жарг.)*: поиграть в домино. (также — «забить козла»)

Крепкие выражения *(эвфемизм)*: неприличные слова, матерщина.

Грибные и ягодные места: места в лесу, где можно набрать много грибов и ягод. Собирание грибов и ягод очень популярно в России с очень древних времен.

4.4 Обратите внимание на очень частое употребление в тексте местоимения «вы».

Как вы думаете, почему?
Значит ли это, что текст адресован лично вам?
Что можно сказать о функции местоимения «мы» в следующем предложении: «Но что это мы все о плохом? Держу пари, вы не знаете, как садиться в электричку!»
Какой эффект достигается таким употреблением личных местоимений?

4.5 Прослушайте текст еще раз и постарайтесь запомнить как можно больше ситуаций, в которых может оказаться пассажир электрички. Устройте соревнование «Кто больше?» со студентами вашей группы.

4.6 Ваше мнение:

— Что вам понравилось и не понравилось в тексте об электричках?
— Есть ли что-нибудь подобное в вашей стране?
— Хотели ли бы вы сами «покататься?» в такой электричке? Почему?

ТУСОВКА В ЭЛЕКТРИЧКЕ
(Текст для прослушивания)

(Исповедь пассажира)

Здесь любят и учатся, знакомятся и ссорятся, играют и работают, воспитывают детей и дружат, болеют и выздоравливают, плачут, смеются, пьют, гуляют, едят, спят — одним словом, живут.

Все вышесказанное об этом длинном, зеленом и шумном явлении — отнюдь не преувеличение. Человек, живущий в 70 километрах от Москвы и ездящий в столицу хотя бы 5 раз в неделю, за год, не считая отпуска, проводит в электричках в общей сложности 30 суток. Представляете себе, покататься один месяц в году, не выходя из вагона...

Электричку принято ругать. От нее, действительно, устаешь. Когда вы терпите под дождем ее сорокаминутное опоздание, а будучи, наконец, внесенными в нее толпой, замираете на полтора часа в неестественной позе на одной ноге; когда вас после полугодовой езды по «студенческому» все-таки вылавливают контролеры; когда вы едете в вагоне с минусовой температурой, а на плечо постоянно сваливается пьяный; когда вас будит голосом Левитана продавец книг, а окно купе разбивается камнем; когда вы забываете в вагоне сумки, торты и цветы; когда вас одолевают нищие и цыгане, потом задевают саженцем и в довершение пристукивают какой-нибудь кадушкой; когда у вас выигрывают в карты часы и воруют сумку; когда вы в последней электричке просыпаете свою станцию и по ночным сугробам 6км идете домой; когда неожиданно изменяют расписание; когда... когда... когда...

Но что это мы все о плохом? Бывает и хорошее в этой жизни, ведь электричка — это прежде всего романтика, особый мир!

Держу пари, вы не знаете, как садиться в электричку. И вам поэтому совсем не повредят мои советы.

Прежде всего надо разобраться, какие бывают электрички. Конечно же, короткие и длинные. Поэтому никогда не рассчитывайте на последние вагоны: можно круто «обломиться», увидев 10 вместо 12.

Второе: зимние и летние. Это особенно интересный пункт. Зимой нужно уметь угадывать, какие вагоны отапливаются (впрочем, если мечтаете посидеть, можно не беспокоиться: в теплом вагоне в лучшем случае найдете место для второй ноги). На летний же сезон самый лучший совет — это научиться вообще залезать в вагон (иногда это приходится делать в окно, так что потренируйтесь).

Кроме того, электрички бывают утренние и вечерние. И если вы не знакомы с контингентом и повагонным распределением пассажиров, в них лучше не соваться. Потому что если утром захочется пройти в последние вагоны, не выйдет: в таком дыму передвигаться невозможно. Но если ну очень нужно поиграть в «козла», потренироваться в крепких выражениях или достать бутылку водки, придется смириться с запахом «Беломора».* На вечерних же электричках... Однако это бесполезно. Написано несколько листов, а что вы узнали? Только о выборе места, и то ничтожно мало. А о самой «электричной» жизни?

Это нечто совершенно удивительное! Ведь только здесь вы можете встретить человека, которого не видели с детского сада. Здесь вас рассмешат и заставят поплакать, помогут решить задачку и перевести с английского, найдут сигаретку или булочку. Вы услышите перечисление чуть ли не всех периодических изданий с кратким анонсом, курс политики и экономики а-ля Сталин, Брежнев, Ельцин и др., советы по садоводству и строительству домов. Только здесь вас может бесплатно нарисовать неизвестный художник, тут же можно и получить бесплатный добрый совет от цыганки, узнать все грибные и ягодные места, услышать неожиданные и необыкновенные исповеди, слепого скрипача и куплетиста-политика, тост за здоровье всего вагона... А где еще бесплатно почитаешь любую прессу (правда, из-за чужого плеча) и тут же услышишь обширный комментарий? Если же вы едете на экзамен, а подготовиться к нему забыли — полтора часа в вашем распоряжении. А если недоспали? В электричке научитесь делать это стоя... Боже мой! Да разве обо всем расскажешь?! Это страшное дело. Оно затягивает, как наркотик. И, как наркотик, заставляет себя любить. Так что, мои хорошие, переполненные, холодные, душные, злые, опаздывающие, отмененные, короткие, утренние, ночные, ползущие со всеми остановками, гнусавящие голосами машинистов, пугающие фуражками контролеров, вечно существовавшие и вечно существующие, неизменно гремящие и вечнозеленые, — все-таки люблю вас! И кстати, именно вам я обязана тем, что поступила на журфак** МГУ. Где еще столько почитаешь, как не в электричке!

* «Беломор» *(сокр.)*: «Беломорканал» — дешевые папиросы с табаком низкого качества
** журфак *(сокр.)*: факультет журналистики

УРОК 12

Экология

1 ЧИТАЕМ И РАСШИРЯЕМ СВОЙ СЛОВАРНЫЙ ЗАПАС

1.1 Эти слова и словосочетания могут понадобиться вам при обсуждении данной темы:

выбросы вредных веществ
превышать предельно допустимые нормы
находиться в критическом состоянии
сказываться на здоровье людей
серьезные заболевания
злокачественные новообразования
болезни органов дыхания (пищеварения, и т.д.)
в воздух выбрасываются вредные вещества
строить очистные сооружения
отравлять природу/окружающую среду
думать об экологических последствиях
экологическая проблема
экологическая катастрофа
стать достоянием гласности
подлинные масштабы ядерной катастрофы
запретить доступ
ядерный полигон
замерять радиацию
«подопытный кролик»
зона заражения
ликвидировать последствия
уровень радиации
месторождение урановой руды
регистрировать приборами
захоронения радиоактивных отходов

находиться под угрозой заражения
предотвратить катастрофу
ядерный взрыв
ответственность за случившееся
опасность, связанная с радиацией
найти решение проблемы

1.2 Прочитайте текст 1.

ТЕКСТ 1
ЭКОЛОГИЯ — ПРОБЛЕМА ГЛОБАЛЬНАЯ

Когда мы говорим «экология», сразу возникают ассоциации с Чернобылем, Байкалом, Аральским морем. Однако экологические проблемы присутствуют везде, пронизывают всю нашу жизнь. Они тесно переплетаются с другими проблемами и обусловливаются целым рядом факторов.

Везде, где есть много крупных предприятий промышленности и сельского хозяйства, давление на природу огромно. Загрязняются почва и воздух, водоемы.

Подольск — небольшой городок недалеко от Москвы. В экологическом отношении — он самый неблагополучный в Подмосковье. Выбросы вредных веществ в воздух здесь превышают предельно допустимые нормы в 9—13 раз. Содержание пыли в 12 раз выше допустимого.

В критическом состоянии река Пахра. Промышленные отходы зачастую сбрасываются в нее без очистки. Поэтому содержание нефтепродуктов в воде в 360 раз выше допустимого. И это немедленно сказывается на здоровье людей.

Статистика показывает, что жители Подольска болеют гораздо чаще, чем в среднем по России. Часто это очень серьезные заболевания: злокачественные новообразования, болезни органов дыхания, пищеварения, кровеносной и лимфатической систем.

40% загрязнений воздушной среды дает энергетика. Много малых предприятий используют в качестве топлива уголь и мазут. Это значит, что в воздух выбрасываются такие вредные вещества, как оксиды серы и азота, сажа, зола. Эти предприятия необходимо укрупнять, переводить на газовое топливо и, конечно, строить очистные сооружения. Всем этим должны заниматься как местные, так и государственные власти. Контроль экологической ситуации и стимулирование природоохранительной деятельности должны стать одной из их важнейших функций.

Но природу может отравлять не только промышленность. Современное сельское хозяйство — это огромные животноводческие и овощеводческие комплексы. В Подольском районе их несколько. Когда их строили, об экологических проблемах не думали. И в результате все отходы, минеральные удобрения, пестициды смываются в реки. В Оке предельно допустимые их концентрации выше всех норм. Ока стала одной из самых грязных рек России, почти утратив способность к самоочищению. По мнению Председателя Правления Фонда «Инженерная Экология» экологическая катастрофа — это следствие катастрофы культурной, как производственной, так и духовной. Россия не сможет решить экологические проблемы, пока не будет резко поднят уровень общей культуры. Ведь экологические проблемы — это проблемы нравственного состояния общества. В обществе, где падает престиж образования, где ученый вынужден уходить в коммерцию, чтобы выжить, потому что на его знания нет спроса, когда телезрителям вместо классической оперы упорно навязывают «мыльную», а ребенок предпочитает считать доллары, а не российские рубли, — в таком обществе встает проблема еще одной экологии — экологии души.

(По материалам газеты «Зеленый мир», №28, 1993 г.)

1.3 Образуйте производные существительные от следующих прилагательных:

Пример: критический — критика

критический
экологический
загрязненный
вредный
предельный
допустимый
очистной
современный
нравственный

1.4.а Текст 1 содержит много устойчивых словосочетаний типа: «предельно допустимые нормы» и т.п. Приведенный ниже текст характеризуется еще большей клишированностью, что делает его стиль еще более официальным, «тяжелым». Прочитайте его.

Не только на уровне Москвы принимаются меры или делаются попытки изменить к лучшему экологическую ситуацию. Вот выдержки из Проекта Закона Российской Федерации «Об экологической экспертизе»:

«Необходимость принятия законодательного акта об экологической экспертизе... диктуется... экологическим кризисом, вызванным игнорированием требований экологической безопасности общества в процессе предыдущего развития страны, экономическим спадом, обострением социальных проблем, истощением природных ресурсов и т.п.

Целью экологической экспертизы является предупреждение возможных негативных последствий реализации экспертируемых объектов, их неблагоприятного воздействия на здоровье населения, природные ресурсы, окружающую природную среду, включая предотвращение причинения им вреда при осуществлении управленческой, хозяйственной, инвестиционной и иной деятельности по реализации экспертируемых объектов».

(Приводится по перепечатке в газете «Зеленый мир», 1993 г.)

1.4.б Теперь постарайтесь сделать этот текст более «живым», пересказав своими словами.

2 ПИШЕМ, ИЗУЧАЕМ ГРАММАТИКУ

2.1 **Вставьте нужный глагол (возвратный или невозвратный) в соответствующей видо-временной форме. Объясните употребление.** (Wade, §284–93)

1. Проблемы малых городов тесно (переплетать/переплетаться) с проблемами экологии.
2. Они (обусловливать/обусловливаться) самыми разными факторами.
3. Выбросы вредных веществ (загрязнять/загрязняться) атмосферу.
4. Больше всего (загрязнять/загрязняться) почва и вода в районе Чернобыльской АЭС.
5. Промышленные предприятия (сбрасывать/сбрасываться) в воду отходы производства.
6. Промышленные отходы (сбрасывать/сбрасываться) в реки без очистки.
7. Загрязнение окружающей среды (отражать/отражаться), в первую очередь, на здоровье детей.

8. В качестве топлива на многих предприятиях (использовать/использоваться) уголь и мазут.
9. Школа должна (использовать/использоваться) всевозможные методы, чтобы воспитать людей, умеющих ценить природу.
10. Вешние воды (смывать/смываться) радиоактивную пыль в реки.
11. Грязь со стекол (смывать/смываться) струей воды.
12. Экологические проблемы должны (решать/решаться) вместе с проблемами нравственности.
13. Пока не поднимется уровень общей культуры общества, страна не сможет эффективно (решать/решаться) эти проблемы.
14. Человечество продолжает (отравлять/отравляться) дымом заводских труб, выхлопными газами автомобилей, выбросами вредных веществ.
15. Сотни промышленных предприятий продолжают (отравлять/отравляться) атмосферу.

2.2 Представьте, что вам предстоит взять интервью у французских тележурналистов, о которых вы сейчас прочитаете. Внимательно прочитайте текст 2, стараясь запомнить как можно больше фактической информации.

ТЕКСТ 2
ПО СЛЕДАМ ЯДЕРНЫХ КАТАСТРОФ

Три известных французских тележурналиста совершили поездку в бывший Советский Союз с целью пройти по следам ядерных преступлений. Они находили эти следы везде: в Москве и Челябинске, в Екатеринбурге и Семипалатинске, в далеких маленьких деревушках России и Казахстана, в лесах и реках.

Результатом поездки стал телефильм, в съемках и комментариях которого им помогал русский ученый Владимир Лелеков, двадцать лет проработавший в Институте атомной энергии имени Курчатова.

В этом фильме уже, кажется, нет сенсаций, почти все уже стало достоянием гласности. И все же подлинные масштабы ядерной катастрофы, жертвой которой стала страна в последние 40 лет, очень трудно увидеть. Фильм помогает это сделать.

Советская власть умело скрывала свои преступления. Все происходило в местах, доступ к которым был запрещен, в так называемых «закрытых зонах». Без свидетелей. Или почти без них.

Но свидетели, безусловно, остаются. Безмолвные ранее, сегодня они заговорили.

Солдаты, проходившие службу на ядерном полигоне в Семипалатинске, должны были замерять радиацию сразу после взрыва. Один из них служил там с 1962 по 1963 год, где за это время было проведено около 100 испытаний. — Мы были подопытными кроликами, — говорит он.

Наверное, «подопытными кроликами» были и жители деревень, где за 40 лет было проведено 689 взрывов. Этот «эксперимент» — преступление против своего народа.

35 лет назад недалеко от Челябинска взорвалось хранилище ядерных отходов. В зоне заражения оказалось более 270 тысяч человек. До сих пор у людей нет точного представления о случившемся, и до сих пор не ликвидированы последствия катастрофы.

С 1964 года в Акатау в Казахстане эксплуатируется огромное открытое месторождение урановой руды. Дешевый казахстанский уран успешно идет на экспорт. Администрация обогатительной фабрики утверждает, что уровень радиации на предприятии в 5 раз ниже допустимого медициной уровня. Они считают, что рабочим не нужна дополнительная защита, кроме простых синих спецовок. Но уровень радиации, зарегистрированный приборами парижских журналистов, в 230 раз превышал уровень, допустимый на французских АЭС. Такие дозы недопустимы. Но люди, привыкшие молчать, по-прежнему молчат.

С 1970 года для захоронения радиоактивных отходов с фабрики используется озеро, находящееся недалеко от Каспийского моря. Под угрозой заражение моря, а это может привести к новому Каспийскому Чернобылю, считают специалисты.

Что же делается в стране, чтобы предотвратить грядущие катастрофы?

Подполковник Тукин, активный борец за права жертв радиации, считает, что приход к власти демократов ничего не изменил в этом отношении. Это лишь смена одних людей другими, старых структур новыми, которые не только не способны что-либо сделать, но стали зачастую еще более продажными, чем те, которые существовали раньше.

Французские журналисты убеждены, что их фильм адресован всему человечеству и является предупреждением, прежде всего, всем западным странам. Ведь все, что произошло в бывшем Советском Союзе, имеет прямое отношение и к Франции, и к США, и к любой другой стране. Когда произошел взрыв в Челябинске, о нем сразу же узнали зарубежные спецслужбы. Но власти, поставленные в известность, молчали, т.к. информация о ядерном взрыве встревожила бы западную общественность и поставила бы под угрозу ядерные программы Запада.

Один из авторов фильма называет это молчанием сообщников и считает, что часть ответственности за случившееся в СССР лежит на западных странах. Преступно утаивать такую информацию от людей. Ведь именно поэтому население не понимает всей опасности, связанной с радиацией.

Один из руководителей Сибирского отделения Академии наук совершенно серьезно убеждал журналистов, что поскольку ничего нельзя сделать и ничем помочь, народу нельзя ничего говорить: такая информация только вызовет панику и стрессы.

Но даже если это так — правду скрывать нельзя. Иначе решения проблемы не найти никогда.

(По материалам газеты «Известия»)

2.3 Придумайте и запишите как можно больше вопросов для журналистов, используя информацию из текста. Вы можете приготовить любые вопросы, какие вам нравятся.

2.4 А теперь задайте вопросы, к которым приводимые ниже предложения и, в частности, подчёркнутая часть, могли бы служить ответами.

1. <u>Тележурналисты</u> приехали в бывший Союз, чтобы пройти по следам ядерных преступлений.
2. Они сделали <u>телефильм</u>, который помогал снимать русский учёный Лелеков.
3. Фильм <u>помогает увидеть</u> подлинные масштабы ядерной <u>катастрофы</u>.
4. Всё происходило <u>в «закрытых зонах»</u>.
5. В период с 1962 г. по 1963 г. было проведено <u>около 100 испытаний</u>.
6. Хранилище ядерных отходов взорвалось недалеко от Челябинска <u>35 лет назад</u>.
7. В Казахстане эксплуатируется открытое месторождение <u>урановой</u> руды.
8. Действительный уровень радиации <u>в 230 раз</u> превышал уровень, допустимый на французских АЭС.
9. Потому что всё, что произошло в бывшем Советском Союзе, имеет <u>прямое</u> отношение к западным странам.
10. <u>Информация о ядерном взрыве</u> поставила бы под угрозу ядерные программы Запада.
11. Правду <u>скрывать</u> нельзя.

2.5 Одна из первых ассоциаций, возникающих при упоминании об экологии — это Чернобыль. Потому что проблема Чернобыля — это, к сожалению, проблема сегодняшнего дня, не только экологическая, но и политическая.

Переведите следующий текст на русский язык.

Chernobyl, Censorship and The Environment

On May 14th, 1986, Mikhail Gorbachev gave a televised speech to the peoples of the Soviet Union. In it he admitted that a serious accident had occurred at the Chernobyl nuclear power station in Ukraine.

Up to that time such a speech was unthinkable. Soviet technology was invincible. Soviet-built planes, for example, never seemed to crash like their capitalist counterparts. Nature was being tamed to satisfy the needs of mankind. Ecological and environmental problems? What problems?

Gorbachev's speech was a breakthrough for what he called 'glasnost'. But nevertheless it took some seventeen days for him to come clean. The explosion and partial nuclear meltdown took place on the 26th of April. Reports of it, often exaggerated, first reached Russians from foreign radio stations. Moscow was full of rumours about riots in Kiev and mass evacuations from

Ukraine. It was all gloom and doom, death and disaster, reminiscent of the rumours surrounding the violent unrest and repression in Novocherkassk in 1962.

And Gorbachev played down the scale of the catastrophe. Perhaps he was unaware of it. One can only guess at the attempts to hush things up, the flow of disinformation and the power struggles going on behind the scenes at that time. But he let the cat out of the bag. Newspaper, radio and television coverage of Chernobyl and of a whole range of ecological and environmental issues steadily increased. In June 1986, encouraged by Gorbachev, the Eighth Congress of the Writers Union vehemently attacked censorship and the pollution of the environment. Later in the same year the party leaders were persuaded by scientists and writers to abandon plans to reverse the flow of rivers in the north of Russia and Siberia. Similar schemes had backfired in the past with devastating results.

The Greens were on the move. Public protests on environmental issues became widespread throughout the USSR, as facts were published on the massive scale of the contamination of the environment and the resulting health hazards. Many factories and power plants which had for decades been polluting the atmosphere were closed down. Many ancient buildings were saved from destruction. Environmental issues could be publicly discussed. They became a "safe" focal point for more generalised expressions of dissatisfaction. Wider political issues, especially questions of sovereignty, came more and more to dominate the debate. With the break-up of the Soviet Union and the ensuing chaos, the environmentalists have lost ground. A look at the devastation in Chechnya is a sign of the times. One step forwards...

2.6 **В течение многих лет Москва боролась за право называться образцовым коммунистическим городом. Удалось ли этому городу — столице бывшего Советского Союза и столице Российской Федерации — стать образцовым? Удалось ли ей решить все проблемы больших городов? Какие проблемы стоят перед Москвой сегодня?**

Познакомьтесь с информацией, напечатанной в столичной газете «ЦЕНТР — PLUS» в июле 1994 года.

ТЕКСТ 3

Городское правительство одобрило комплексную программу развития Москвы до 2005 года. Несмотря на то, что в топливном балансе значительно уменьшена доля мазута и угля, более чем в два раза — выбросы от литейных производств, экологическая обстановка в городе остается неблагоприятной.

По сообщению Москомприроды, суммарные выбросы вредных веществ в атмосферу и водоемы пока увеличиваются. При этом все меньше зелени остается в городе — не выдержав смрада, растения погибают. К тому же на 85% городских территорий вообще отсутствует почва, и деревьям приходится расти чуть ли не из асфальта. Практически отсутствует индустрия переработки отходов — большая их часть попадает в окружающую среду.

Самой острой экологической проблемой остается бурный рост автотранспорта (до 20% в год). Если дорожно-транспортное строительство будет развиваться такими темпами, а техническое состояние автопарка не улучшится, ситуация скоро перерастет в кризисную, считает Александр Ишков, председатель Москомприроды.

Более 2 млн. москвичей проживают в дискомфортных (с экологической точки зрения) условиях. Как следствие — последние пять лет смертность среди горожан трудоспособного возраста возрастает на 8,4% ежегодно. Регулярно снижается рождаемость, а число новорожденных с генетическими аномалиями увеличивается. Только за один 1993 год детская заболеваемость выросла на 16%, а общая заболеваемость органов дыхания, эндокринной и иммунной систем — более чем на 20%. В среднем каждый московский ребенок болеет дважды в год.

Правительство Российской Федерации совместно с правительством Москвы уже принимало несколько крупных программ по оздоровлению среды обитания, однако из-за отсутствия средств и некоординированности работ эффект от них был незаметным. Теперь городские власти намерены принять кардинальные меры.

Комплексная экологическая программа предусматривает изменения в инвестиционной, налоговой и технологической политике. Учреждены 5 ежегодных премий в размере 100 минимальных окладов за наиболее значимые работы по оздоровлению города.

2.7 **Обратите внимание на стиль изложения. Это стиль официальных отчетов и сводок. Текст изобилует такими клише, как:**

экологическая обстановка в городе
по сообщению Москомприроды
выбросы вредных веществ в атмосферу
по словам...
индустрия переработки отходов
окружающая среда
дорожно-транспортное строительство
развиваться... темпами
техническое состояние

кризисная ситуация
смертность возрастает
рождаемость снижается
генетические аномалии
комплексная программа
программа по оздоровлению среды обитания
принимать программы
из-за отсутствия средств
принимать кардинальные меры
премия в размере...
минимальный оклад

2.8 Найдите соответствия приведенным выше клише и переведите текст на английский язык, стараясь сохранить его официальный стиль. Представьте, что вы готовите информацию для доклада в Госкомприроде, где будут присутствовать коллеги из-за рубежа.

3 ОБСУЖДАЕМ ПРОБЛЕМУ, ОБМЕНИВАЕМСЯ МНЕНИЯМИ, ВЫСКАЗЫВАЕМ СВОЮ ТОЧКУ ЗРЕНИЯ, ПРОСТО ГОВОРИМ...

3.1 Ролевая игра. Используйте информацию из текста упражнения 2.2 и ваши собственные вопросы к нему и разыграйте сценку интервью или пресс-конференции, в которой будут участвовать три французских тележурналиста и корреспонденты различных газет и журналов.

3.2 Обсудите в классе следующие вопросы:
1. Какие экологические проблемы волнуют людей в вашей стране?
2. Какие экологические партии существуют в вашей стране? Каковы их программы, цели и задачи? Расскажите все, что вы знаете о них.
3. Что вы думаете об экологической ситуации в мире?

3.3.а Познакомьтесь с письмом, которое написали президенту России представители партии «зеленых»:

Открытое письмо Президенту Российской Федерации Б. Н. ЕЛЬЦИНУ

Уважаемый Борис Николаевич!

В обращении к гражданам России, посвященном Всемирному дню окружающей среды (4.06.93г.), Вы отметили: «Экологическая обстановка в нашей стране остается напряженной... Ухудшается здоровье людей, живущих на экологически неблагоприятных территориях...». И призвали россиян объединить усилия для исправления такой ситуации.

Необходимо признать теперь: главные дестабилизирующие факторы в решении экологических проблем России — Правительство России и сам ее Президент. Они принимают постановления, подписывают и издают распоряжения и указы, способствующие ухудшению состояния природной среды и здоровья населения в ряде регионов России. Понятно, что эти государственные решения принимаются не по злому умыслу, что их цель — решение сложных экономических проблем регионов и всей России, но это не снимает с них ответственности за здоровье россиян.

В частности, такие решения были приняты по нашему Новокузнецку. Содействуя решению экологических проблем города, они противоречат Закону «Об охране окружающей природной среды в Российской Федерации», не прошли предварительной экологической экспертизы, не соответствуют бедственной экологической ситуации, сложившейся в Новокузнецке.

Государственная экспертная комиссия Минприроды России, обследовавшая Кузбасский регион, в своем заключении отметила, что в ряде районов области, в том числе и в Новокузнецке, «накопление вредных воздействий на здоровье людей достигло той критической отметки, после которой процесс патологических изменений становится лавинообразным и необратимым», что эти районы соответствуют статусу «зона экологического бедствия».

Вы возглавили строительство демократического общества в России и заявили, что будете придерживаться международных соглашений по охране природной среды и здоровья населения, — так отмените же эти и другие, подобные им, распоряжения Правительства и Ваши указы! И согласуйте их с законодательством России и Вашей совестью.

С уважением, от регионального отделения Российской партии «зеленых»

В.В.Васильев, В.Н.Пушкарев,
М.И.Савиных, Н.Н.Чекмарев.

(Перепечатка из газеты «Зеленый мир», 1993 г.)

3.3.б Представьте, что вы пишете в Экологическую комиссию ООН от лица «зеленых». О чем бы вы написали? Сделайте набросок этого письма.

3.4.а Прочитайте следующий отрывок:

Не только политики озабочены экологией, поддерживая программы сохранения окружающей среды, а заодно создавая себе благоприятный имидж. Творцам моды — художникам по тканям и дизайнерам экология дает новые идеи при создании новых стилей. Так, несколько лет назад был очень моден стиль «naturelle». Для него характерны чистота и простота линий, натуральные ткани, природные цвета в одежде. Глазам придается лишь модный «кошачий» разрез. Губы не стоит обрисовывать вовсе. Тональный крем — самых светлых оттенков. Девиз моды — призыв французского просветителя Жан-Жака Руссо — назад к природе.

(По материалам «Газеты для женщин», № 3, 1993 г.)

3.4.б Скажите:

— что вы думаете о таком направлении моды?
— помогает ли она решить экологические проблемы?
— много ли последователей такой моды в вашей стране?
— что означает: «назад к природе»?
— существует ли экологическая мода для мужчин?

3.5 Глаза, губы, прическа, одежда — все это детали внешности. Сделайте свой маленький словарик-тезаурус, подобрав все возможные определения к следующим существительным:

фигура
рост
прическа
волосы
глаза
брови
ресницы
нос
рот
губы
щеки
одежда
цвет лица

Дополните этот список по своему усмотрению.

3.6 А теперь — опять игра. Один из участников игры задумывает кого-либо из группы или известное всем лицо. Все по очереди задают вопросы, типа:

Какие у этого человека брови?
Какие у него/нее глаза?
Какую одежду он/она носит? и т.п.

Постарайтесь угадать, кто задуман!

4 СЛУШАЕМ, ГОВОРИМ...

4.1 До того, как прослушать текст, постарайтесь ответить на следующие вопросы (работайте в парах):

1. Что такое «ахиллесова пята»?
2. Что, на ваш взгляд, может быть уязвимым местом — «ахиллесовой пятой» российских мужчин?
3. О каких проблемах может идти речь в этой статье?

4.2 Теперь прослушайте запись текста.

1. Правильные ли вы сделали предположения? В чем они совпадают с текстом и в чем разнятся?
2. Какие данные обнародовал Госкомстат?
3. Что влияет на здоровье человека?
4. Почему, по словам автора, мы «вползли в эпоху техногенных катастроф»?
5. Какая средняя продолжительность жизни в вашей стране? Она увеличивается или сокращается?
6. Что является самым губительным для здоровья человека в вашей стране? От чего погибает больше всего людей?

АХИЛЛЕСОВА ПЯТА РОССИЙСКИХ МУЖЧИН
(Текст для прослушивания)

Средняя ожидаемая продолжительность жизни мужчины в России сократилась на три года. Таковы данные Госкомстата за 1993 год. Этот показатель означает, что мальчик, родившийся в 1993 году, доживет только до 59 лет. Иначе говоря, не доживет до пенсии.

Процесс снижения продолжительности жизни начался в 1986 году. Почему это произошло, нужно разбираться. И, прежде всего, не спешить обвинять в этом медицину. Ее роль в охране здоровья населения незначительна. Если взять здоровье человека за 100 процентов, то лишь восемь процентов будет зависеть от нашей медицины. Десять процентов нашего здоровья определяют доставшиеся от родителей гены, тридцать — экология. Все остальное — а это более 50 процентов — социально-экономический фактор.

На сегодняшний день в России от ишемической болезни сердца умирает меньше людей, чем от самоубийств. От так называемых "случайных смертей" гибнет больше населения, чем от раковых заболеваний. Смертность в результате аварий на производстве, транспортных происшествий, отравлений представляет сегодня самую настоящую угрозу для нации.

Я ежедневно получаю сводку чрезвычайных происшествий и вижу, что мы незаметно, шаг за шагом вползли в эпоху техногенных катастроф. Ежедневно в стране происходит в среднем два разрыва газо- и нефтепровода. Еженедельно случается крупная авария на железнодорожном транспорте. Ежемесячно — крупная промышленная авария.

На ликвидацию последствий этих аварий страна, вероятно, тратит больше средств, чем на культуру и медицину вместе взятые. Причем количество аварий ежегодно увеличивается на десять-пятнадцать процентов. Если дело пойдет так и дальше, то лет через пять на ликвидацию последствий катастроф мы будем тратить большую часть национального дохода.

И достижение российским мужчиной пенсионного возраста может превратиться в погоню греческого героя Ахилла за черепахой.

Алексей ЯБЛОКОВ,
член-корреспондент РАН,
советник президента по вопросам
экологии и охраны здоровья.

(По материалам еженедельника «МЕГАПОЛИС-ЭКСПРЕСС»)

УРОК 13

Экономика России

1 ЧИТАЕМ И РАСШИРЯЕМ СВОЙ СЛОВАРНЫЙ ЗАПАС

1.1 Эти слова и словосочетания могут понадобиться вам при обсуждении данной темы:

экономика: рыночная, кризисная; упадок экономики; перестройка экономики
реформа: экономическая/денежная; проводить реформу; политика реформ
валюта: национальная валюта; девальвация валюты
деньги: обесценивание денег
собственность: частная/государственная/общественная/личная собственность
приватизация: приватизация государственной собственности/природных ресурсов; проводить приватизацию
государство: снижение роли государства
власть: смена власти
предприятие: остановка/закрытие предприятий
производство: спад/сокращение/подъем производства
цена: рост/повышение/снижение цен
кризис: кризис экономики; ввергнуть в хаос кризиса
суверенитет: государственный/национальный суверенитет
экспортная продукция
валовой национальный продукт
утечка капитала
западные кредиторы
налог: взимание налогов
нормальное налогообложение
налогоплательщик
финансирование: государственное финансирование, самофинансирование
акционерное общество

1.2 Прочитайте текст 1.

ТЕКСТ 1
АНАЛИЗ ЭКОНОМИЧЕСКОЙ И ПОЛИТИЧЕСКОЙ СИТУАЦИИ В РОССИИ И ЕЕ ПЕРСПЕКТИВЫ

Россия переживает трудное время. Эту ситуацию можно охарактеризовать как период ослабления роли государства в обществе. Но нынешний кризис в России — это, в первую очередь, кризис экономический, с добавлением национально-территориального вопроса. Простая смена власти ничего не решит, и ситуация останется нестабильной... Среди сложностей России нужно выделить отсутствие неких моральных принципов, обязующих власть представлять реальные интересы своих избирателей. Моральный климат в нынешней политической сфере можно охарактеризовать словами «Горбачев продолжается»...

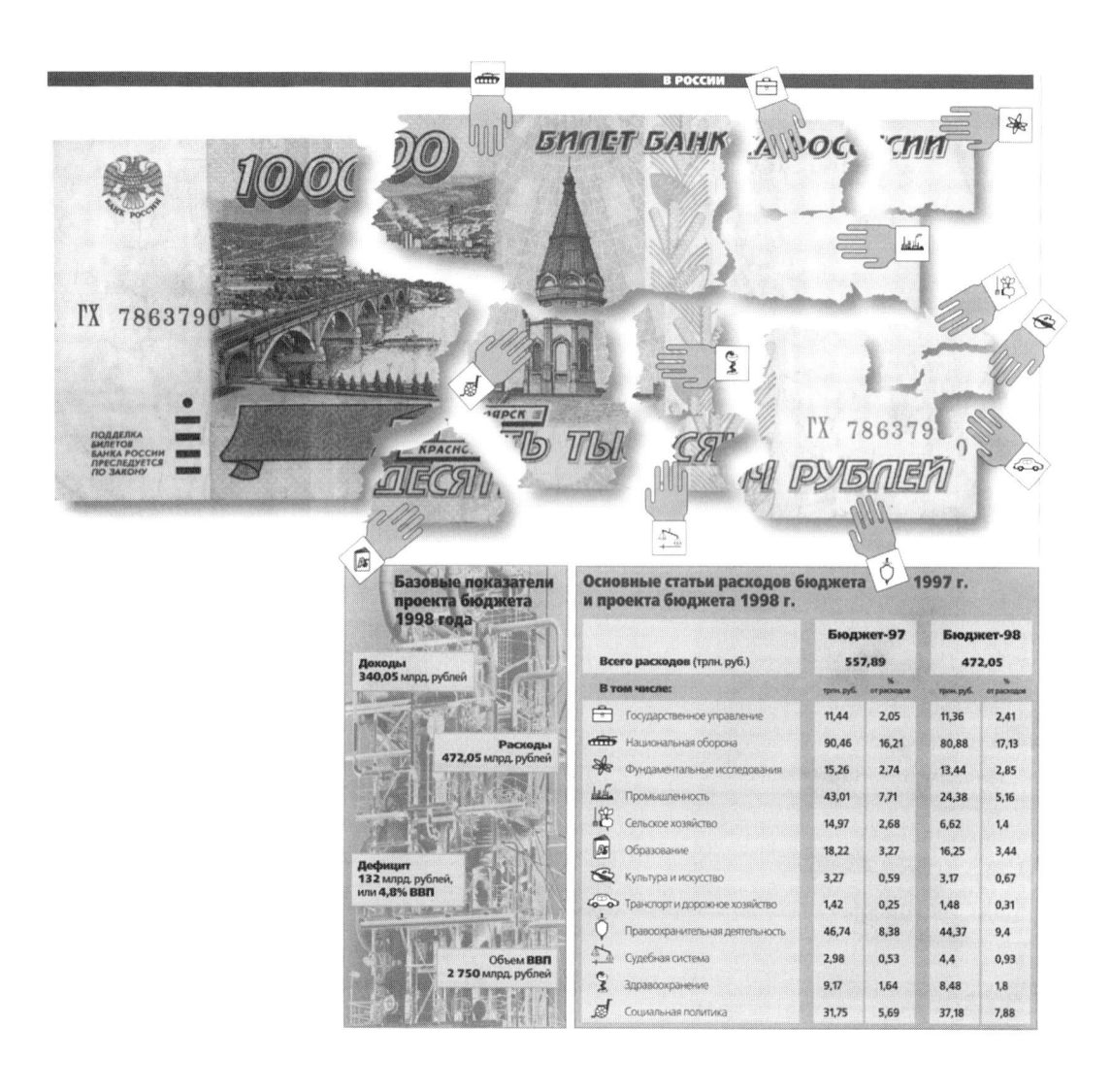

Базовые показатели проекта бюджета 1998 года

Доходы: 340,05 млрд. рублей
Расходы: 472,05 млрд. рублей
Дефицит: 132 млрд. рублей, или 4,8% ВВП
Объем ВВП: 2 750 млрд. рублей

Основные статьи расходов бюджета 1997 г. и проекта бюджета 1998 г.

	Бюджет-97 трлн. руб.	% от расходов	Бюджет-98 трлн. руб.	% от расходов
Всего расходов (трлн. руб.)	557,89		472,05	
В том числе:				
Государственное управление	11,44	2,05	11,36	2,41
Национальная оборона	90,46	16,21	80,88	17,13
Фундаментальные исследования	15,26	2,74	13,44	2,85
Промышленность	43,01	7,71	24,38	5,16
Сельское хозяйство	14,97	2,68	6,62	1,4
Образование	18,22	3,27	16,25	3,44
Культура и искусство	3,27	0,59	3,17	0,67
Транспорт и дорожное хозяйство	1,42	0,25	1,48	0,31
Правоохранительная деятельность	46,74	8,38	44,37	9,4
Судебная система	2,98	0,53	4,4	0,93
Здравоохранение	9,17	1,64	8,48	1,8
Социальная политика	31,75	5,69	37,18	7,88

Рассмотрим экономическую политику правительства. Изначально оно декларировало приверженность к монетаристским методам, исповедуемым Гарвардской школой и ее идеологом Джеффри Саксом. В сочетании с рекомендациями МВФ* эта схема выглядит следующим образом: сокращение инфляции и бюджетного дефицита до 5 и 10% в месяц, открытие границ для западных товаров, девальвация национальной валюты с целью увеличения экспорта сырья, открытие границ для западных капиталов и закрытие большинства государственных предприятий. Главное требование в такой схеме — снижение любыми путями доли госсобственности.**

Но такая политика на практике ведет к закрытию почти всех отечественных предприятий и, соответственно, к спаду производства, безработице, а затем и к инфляции. Иностранный же капитал вряд ли пойдет в страну с потенциальным социальным взрывом. Таким образом, для поддержки экономики постоянно будут требоваться займы, и Россия пойдет по пути Мексики, Боливии, Перу и многих стран Африки.

Складывается впечатление, что правительство России с 1991 г. не способно к самостоятельному мышлению. Оно должно было в начале 1992 года провести денежную реформу и конфисковать деньги, которые не подтверждены достоверной декларацией о доходах. Второе — проверка законности приватизированной собственности. Эти акции изъяли бы много мафиозных ценностей и укрепили бы политические позиции правительства на фоне недовольства повышением цен. Далее, в течение 6-8 месяцев необходимо было провести равноправную, истинно рыночную приватизацию мелких предприятий и земли. А дальше — структурная перестройка экономики с определением перспективных предприятий при защите национальных производителей и национального экономического суверенитета.

Но правительство даже не пытается осуществить что-то похожее. Оно действует по монетарной схеме, оперируя понятиями «бюджетный дефицит» и «процентная ставка», не замечая, что сам рубль потерял свою силу, а промышленность и сельское хозяйство вверглись в хаос кризиса.

Особенно опасным является то, что правительство делает ставку на займы МВФ. Эти займы пойдут, с большой вероятностью, на адаптацию «нового класса» к новым условиям жизни...

Новому российскому государству досталась как историческое наследие роль великой державы. Традиционна роль России и в славянском мире. Видимо, в будущем активная внешняя политика России будет ослабевать по мере того, как ее области и автономии (Северный Кавказ, Сибирь, Крайний Север и др.) из-за близорукой и неэффективной экономической политики Москвы будут постепенно переходить в разряд ближнего зарубежья. Таким образом, все большее внимание внешнеполитического ведомства России будет поглощаться отношениями с бывшими автономиями, округами, областями...

Подводя вкратце итоги, можно отметить следующее:

— нынешний период — смута, которая может привести к распаду России;

— кризис экономики можно разрешить, опираясь на модель создания национальной экономики и независимого от МВФ Национального банка;

— идея «шоковой терапии» в варианте МВФ очень опасна. Никаких внешних займов!;

— новая власть слабо выражает интересы большинства граждан;

— необходимо привнести традиции нравственности, свойственные русской интеллигенции, в политику и экономическую стратегию.

Такой анализ и прогнозы были представлены Институтом международных социально-экономических проблем имени Ф. Шиллера почти три года назад. Как видим, они актуальны и сейчас и, пожалуй, на ближайшее будущее. Хотя бы потому, что многое из предвиденного экспертами этого института начинает сбываться, как во взаимоотношениях России с МВФ, так и во внутриполитической ситуации, обусловленной финансово-экономическим положением страны и военной акцией в Чечне.

(По материалам газеты «Биржевые ведомости», №7, февраль 1995 г.)

* МВФ *(сокр.)*: Международный Валютный Фонд
** госсобственность *(сокр.)* : государственная собственность

1.3 Соедините слова из левой и правой колонок, так чтобы образовались устойчивые словосочетания:

Пример: переживать трудное время

переживать	впечатление
складывается	в хаос
подводить	климат
выражать	валюта
ввергнуть	цен
доставаться	ставку
делать	держава
представлять	итоги
национальная	как историческое наследие
моральный	будущее
великая	интересы

шоковая   трудное время
ближайшее   терапия

1.4 Подберите однокоренные существительные к следующим прилагательным:

Пример: трудный — трудность

трудный
экономический
территориальный
национальный
моральный
политический
бюджетный
западный
государственный
денежный
приватизированный
мафиозный
рыночный
перспективный
процентный
исторический
шоковый

1.5 Напишите, от каких глаголов образованы следующие существительные:

Пример: ослабление — ослаблять, ослабевать

ослабление
добавление
смена
отсутствие
сочетание
сокращение
открытие
девальвация
увеличение
закрытие
требование
снижение
спад
поддержка
мышление
проверка
повышение
отношение

2 ПИШЕМ, ИЗУЧАЕМ ГРАММАТИКУ

2.1 Употребите указанные в скобках существительные в нужных падежах. Следите за окончаниями.

1. Настоящий период в _____ (история) _____ (Россия) можно назвать _____ (период) _____ (ослабление) _____ (роль) _____ (государство) в _____ (общество).
2. Среди _____ (сложности) _____ (Россия) нужно особо отметить _____ (отсутствие) моральных _____ (принципы), согласно которым власть обязана представлять _____ (интересы) своих _____ (избиратели).
3. Рекомендации ведущих _____ (экономисты) _____ (мир) для _____ (Россия) следующие: сокращение _____ (инфляция) до 5-10% в _____ (месяц), открытие _____ (границы) для зарубежных _____ (товары), девальвация национальной _____ (валюта) с целью _____ (увеличение) _____ (экспорт) _____ (сырьё), открытие _____ (границы) для западного _____ (капитал) и закрытие _____ (большинство) государственных _____ (предприятия).
4. Такая политика на _____ (практика) ведёт к _____ (закрытие) почти всех отечественных _____ (предприятия), к _____ (спад) _____ (производство), к _____ (безработица) и _____ (инфляция).

Где возможно, проверьте правильность ваших вариантов по тексту.

2.2.а Прочитайте текст 2. Выберите наиболее подходящий заголовок к нему из предлагаемых ниже вариантов или придумайте свой собственный. Аргументируйте свой выбор.

ТЕКСТ 2

Чем больше россиян успокаивают, что всё «не так уж плохо» и что скоро, мол, наступят лучшие времена, тем большую тревогу проявляют рядовые граждане. Они видят, что происходит на потребительском рынке, как скачут цены, падает рубль, и делают практические выводы. Экономическая нестабильность усиливается политической (и наоборот). Всё это в немалой степени объясняет, почему многие россияне стремятся поменять нестабильные рубли на устойчивые доллары или другую твёрдую валюту.

Фантастические цифры приводит Госкомстат: только за одиннадцать месяцев 1994 года население России купило валюты на 45 триллионов рублей. В пересчёте это примерно 13 миллиардов долларов — огромные даже по американским масштабам деньги.

Доллар завоевывает все более прочные позиции в наличных расчетах, тесня отечественные деньги. Даже рядовые граждане все чаще берут в долг и отдают в долларах. Его стремятся купить все, у кого появились хотя бы небольшие суммы свободных денег; при этом небогатые граждане, как правило, не несут свои 200 или 600 долларов в банк. Люди, наученные горьким опытом, не верят ни коммерческим банкам, ни государству, — знают: в любой момент могут «отобрать» последнее.

Что же получается в итоге? Плохо или хорошо, что миллиарды «зеленых» лежат «в чулке» — в квартирах россиян? Для страны это очень плохо. Ведь эти доллары упали не с неба — за них заплачено иностранцам нефтью, лесом, алюминием, трудом россиян... Доллары лежат, не «работают», стало быть, для страны это как бы «пустые бумажки». Взяв эти пустые бумажки, мы отдали зарубежным странам немалые материальные ценности. Таким образом, находящаяся в тисках экономического кризиса Россия как бы кредитует процветающие богатые страны...

Другой минус «долларизации всей страны» — дальнейшее ослабление отечественной валюты.

Возникает вопрос: что же делать? Запретить хождение доллара на Руси? Установить фиксированный курс? Но тогда, действительно, будет конец и рыночной экономике, и реформам. Цена запретов известна. Уже не говоря об очередном ограблении россиян, неуверенных в будущем и накапливающих эти сотни «зеленых» на «черный» день. Нет, действовать запретами, административными мерами — значит только восстанавливать людей против власти и реформ. Единственный путь — оживление экономики, гораздо более четкая тактика и стратегия реформ, политическая и экономическая стабильность. И, конечно же, продуманная денежно-финансовая политика.

(По материалам газеты «Труд», 31 января 1995 г.)

Предлагаемые варианты:

1. Тревога рядовых граждан России.
2. Экономическая нестабильность в стране.
3. «Долларовый» ажиотаж.
4. Что нам делать с деньгами?
5. «Российский» доллар — новая валюта страны.
6. Нынешняя денежно-финансовая политика разоряет Россию.

2.2.б Выпишите из текста все формы наречий и прилагательных в сравнительной степени. (Wade, §179–82, 398–99)

2.3 Используйте данные наречия (много, мало, хорошо, плохо, часто, настойчиво, близко, заметно, очевидно, быстро, медленно, решительно, тихо, громко), употребляя их в соответствующей форме в приведенных ниже предложениях: (Wade, §398–99)

1. Чем _____ подъезжали мы к его городу, тем _____ он приглашал нас зайти к нему в гости.

2. Чем _____ стучали колеса поезда, тем _____ становился разговор случайных попутчиков.
3. Все _____ они замолкали и становилось все _____, что они неравнодушны друг к другу.
4. В прошлом году он мог говорить по-русски гораздо _____.
5. Чем _____ я думал об этом, тем _____ я хотел заниматься этим.
6. А рассвет уже все _____.
7. Все _____ гремел гром, все _____ пели птицы.
8. Если он уже знает об этом, тем _____!
9. Она не хочет воспользоваться этой возможностью, тем _____ для нее!

2.4.а Переведите на английский язык отрывок из интервью, данного Павлом Буничем еженедельнику «Аргументы и Факты» (№12, 1995 г.).

(Павел Бунич принадлежит к тем политикам, чьи имена узнаваемы. Как экономист, он пользовался уважением задолго до перестройки. Как политик он вошел в высшую политическую элиту сразу после выборов народных депутатов СССР. Как бизнесмен он с 1990 года остается президентом Союза арендаторов и предпринимателей сначала СССР, а потом России. Ныне он депутат Государственной Думы.)

... Возьмите, например, приватизацию. Отчего она привела не к росту, как ожидали, а к падению производства? Почему такое количество банкротств?

Ведь что получается? Пусть у каждого рабочего по одной-две акции — но ведь нужна колоссальная работа, чтобы заставить его расстаться с ними, когда они приносят прибыль. Значит, выгоднее убить предприятие, чтобы его работник не только дешево отдал свою акцию, но еще и побегал за тобой, поумолял тебя купить ее, пока за нее хоть бутылку купишь.

В этом соль проблемы. Директора делают все, чтобы обанкротить свои предприятия. Для того, чтобы их акции начали стоить гроши и их можно было бы дешево скупить. Директора нарочно подрывают стоимость акций, сами распускают слухи о своем банкротстве, сами кричат: «Гибнем!» Директора нас обманули, обхитрили. Они убили акции. И как бы плохо директору ни приходилось, он свои 15 миллионов зарплаты имеет даже на полностью убитых предприятиях.

А рабочие оказываются в дураках. Продают и ваучеры, и акции. А вот когда все продадут за гроши — тогда предприятия начнут подниматься. Директора доводят до банкротства, но до крайней черты не доходят. За пять минут до объявления их банкротами они сделают все, иначе действительно все потеряют.

Ум всегда работает лучше, когда у тебя есть, что терять. Например, капитал. А когда у тебя капитала — всего на один гвоздь, ты ни о чем и не думаешь. Так что подождите только, когда директора заимеют свою собственность... Но плохо, что они этой политикой подводят к банкротству всю страну. А есть ли уверенность, что правительство так же в последние пять минут вывернется? У меня нет.

2.4.б Обратите особое внимание на возвратные местоимения себя и возвратные притяжательные местоимения свой, своя, свое свои, а также его, ее, их, употребление которых нужно разграничивать. Выпишите все предложения с этими местоимениями. (Wade, §119–20)

2.5 Переведите с английского языка на русский:

1. He took his suitcase and went out.
2. I took his suitcase and went out.
3. She told us about her impressions of India.
4. I don't share her impressions of India.
5. She blamed herself for that.
6. Don't blame yourself for that.
7. He did it himself.
8. You can't do it yourself.

2.6 Переведите на английский язык:

1. Подождите, пока директора заимеют свою собственность.
2. Они только и ждут, чтобы работник дешево отдал свою акцию.
3. Директора сами распускают слухи о своем банкротстве.

3 ОБСУЖДАЕМ ПРОБЛЕМУ, ОБМЕНИВАЕМСЯ МНЕНИЯМИ, ВЫСКАЗЫВАЕМ СВОЮ ТОЧКУ ЗРЕНИЯ, ПРОСТО ГОВОРИМ...

3.1 Ответьте на вопросы по тексту:

Как можно охарактеризовать нынешнюю ситуацию в России?
Какого рода кризис переживает страна в первую очередь?
Какие моральные принципы, по мнению автора, отсутствуют у российской власти?
На что, в первую очередь, нацелена экономическая политика России?
Чем грозит данная экономическая политика:
    а) в отношении промышленного производства?
    б) в отношении иностранных инвестиций?
Что необходимо было сделать уже в 1992 г., по мнению аналитиков из Института международных социально-экономических проблем?
Какие этапы реформ они называют?
Что особенно опасно в политике правительства и почему?
Какие прогнозы для России сделали бы вы, опираясь на данную статью, а также на информацию, полученную вами из других источников?
Каков, на ваш взгляд, может быть выход из создавшейся кризисной ситуации? Можете ли вы сравнить «российский» вариант с каким-нибудь другим, аналогичным ему?

3.2 Вернитесь к тексту 2 (упражнение 2.2). Вы теперь знаете, что делают люди в России, когда хотят накопить немного денег.

А что делаете вы в таком случае? Ведь вы живёте в стране с другой экономической ситуацией.

Что бы вы сделали с деньгами, если бы находились сейчас в России?

Какой, на ваш взгляд, должна быть денежно-финансовая политика этой страны, чтобы выйти из кризиса?

3.3 В России сейчас много говорят о приватизации. Объясните своими словами, что такое приватизация.

Как вы думаете, есть ли какие-нибудь общие закономерности проведения приватизации в любой стране мира или в каждой стране она может проводиться по-своему?

Что вы сами думаете о приватизации? Верите ли вы в позитивный эффект приватизации?

4 СЛУШАЕМ, ГОВОРИМ...

4.1 Сейчас вы прослушаете запись текста. Но до того, как прослушать её, постарайтесь предположить, о чём в этом тексте может говориться, если он озаглавлен «России выгодно объявить себя банкротом...» Запишите основные вопросы, которые, на ваш взгляд, могут обсуждаться.

4.2 Прослушайте текст и проверьте правильность своих предположений.

4.3 Ответьте на вопросы по тексту:

Почему Россия помогает Западу гораздо больше, чем Запад России?

Почему примерно 2 млрд. долларов ежемесячно уходит за границу?

Что было бы, если бы российское правительство занялось нормальным налогообложением?

Каков критерий оценки правительства?

Каким должно быть правительство, чтобы быть «хорошим»?

Что значит «приватизация по-русски»?

Как понимают приватизацию в Англии?

4.4.а Прослушайте текст ещё раз. Запишите в тетрадь все условные предложения, которые встречались в тексте. (Условные предложения не отражают реальную ситуацию. Это лишь догадка, предположение, воображаемая ситуация).

4.4.б Измените эти предложения таким образом, чтобы они отражали <u>реальную</u> ситуацию.

«РОССИИ ВЫГОДНО ОБЪЯВИТЬ СЕБЯ БАНКРОТОМ...»
(Текст для прослушивания)

— считает Михаил БЕРНШТАМ, известный экономист, бывший советский диссидент, а ныне — профессор одного из университетов США и экономический советник Госдумы России.

На вопрос о необходимости западной помощи России, он сказал:

— Помощь в виде стабилизационного фонда России абсолютно ни к чему, потому что если валюта стабильная, то ей этот фонд не нужен, а если она нестабильная, то фонд ей не поможет.

Но самое главное, и многие это знают, но молчат, — РОССИЯ ПОМОГАЕТ ЗАПАДУ ГОРАЗДО БОЛЬШЕ, ЧЕМ ЗАПАД РОССИИ. Ведь, грубо говоря, еда, шмотки — это импорт на 30 млрд. долларов в год. А на 40-43 млрд. в год из России вывозится экспортной продукции. Так вот эта разница между экспортом и импортом составляет 13-15% валового внутреннего продукта России. То есть около 1/7-1/6 части всего, что произведено в России, остаётся в виде физических ресурсов на Западе, в странах ближнего зарубежья — то есть за пределами России. Для Запада это выглядит как приватизация природных ресурсов России. Продавцы природных ресурсов не возвращают денег в Россию — ни в виде капитала, ни в виде товара. Они даже не платят на них налог!

В тех странах, где существует частная собственность на природные ресурсы, государство забирает эти сверхприбыли в виде налога. В России же природные ресурсы вообще никем не приватизированы, они являются государственной собственностью. Утечка капитала из России составляет примерно 2 млрд. долларов в месяц. И в то же время российское правительство унижается, прося денег в долг у западных кредиторов.

Если бы российское правительство занялось нормальным налогообложением природных ресурсов и контролировало бы взимание налогов, если бы ввело частный экспорт, потому что государственные предприятия совершенно безответственны в этом, то у России не было бы нужды в чужих кредитах. Мы бы сами за те природные ресурсы, которые экспортируем, получали достаточно средств, чтобы расплатиться со всеми долгами.

КОРР. — Вы работали уже с несколькими правительствами. Какое из них более прогрессивное и полезное для общества и народа?

— Экономисту легко оценить любое правительство. Потому что у нас есть строгий критерий — это народное благосостояние. Возьмем правительство Ельцина-Бурбулиса-Гайдара. Интеллигенция говорила: «Это самое умное, самое образованное правительство, такого вообще в истории не было». Я должен сказать, что это, действительно, так. А по результатам это было худшее правительство за последнее время, потому что по уровню разрушения денежной системы, инфляции, потере сбережений населения и уменьшению им потребления худших результатов не было со времен Молотова. Это показывает, что правительству недостаточно быть умным, образованным, профессионально подготовленным, нужно еще иметь правильную экономическую политику.

КОРР. — Стали известны итоги приватизации, получается, нас снова одурачили?

— Приватизация не имеет никакого значения, если сохраняется государственное финансирование предприятий. Хоть тысячу раз называйтесь частными, акционерными, какими угодно, если деньги вы получаете из банков (а те в свою очередь — из Центрального банка), то вас питает государство. Все это имеет такое же отношение к приватизации, как игра в домино — к спорту.

Когда в Англии говорят о приватизации, то имеется в виду, что железную дорогу, шахту или еще что-то вчера финансировало государство, а теперь они переходят на самофинансирование. Занимают ли они в банке, находят ли они инвесторов — как хотят, лишь бы не жили за счет налогоплательщика. Но в России до этого еще, увы, далеко.

(По материалам интервью газеты «Аргументы и Факты», №5, 1995 г.)

УРОК 14

Послесловие или урок 14, чтобы не заканчивать несчастливым числом 13

В России говорят: «Лучше один раз увидеть, чем семь раз услышать». Вы много прочитали, услышали и узнали о России. Но если вам представится возможность посетить эту страну — не раздумывайте — стоит или не стоит. Стоит! Ведь Россия сегодня — это место, где делается история. И вы можете стать живым свидетелем этого процесса.

Когда все находится в движении, в постоянном изменении, трудно определить свое отношение к чему-либо. Поэтому мнения людей могут быть самыми разными.

Хелен Хаттнер, студентка из Франции, выросшая в Англии, приехав погостить в Россию на летние каникулы, осталась здесь на полтора года. Когда она покидала Москву, она плакала. Она не могла надышаться московским воздухом, она обожала гулять по московским улочкам и переулкам, она не уставала ходить по московским музеям и театрам. Она читала Есенина и слушала Окуджаву. Она была буквально ошеломлена богатствами русской культуры. Для нее Россия была прежде всего в этом.

Нам хотелось бы сообщить вам некоторую информацию, касающуюся самых необходимых повседневных вещей и дать еще несколько советов на случай посещения России.

ДЕНЬГИ

В книге были упомянуты деньги как, например, оплата за такси — **десять** рублей. До нового 1998 года это звучало бы просто невероятно. Ведь несколько предшествующих лет счет денег шел на миллионы. Практически все жители России были миллионерами. Конечно, благодаря инфляции. С первого января 1998 года правительство России произвело деноминацию денег, проще говоря, сократило три нуля и то, что раньше было **десять** тысяч, стало **десять** рублей. Были выпущены новые денежные знаки, вновь появилась уже забытая, отмененная ранее «**копейка**».

Интересно, что в некоторых, особенно западных магазинах, которых теперь очень много в Москве, Санкт-Петербурге и других крупных городах, цены указаны либо в американских долларах, либо в так называемых «**условных единицах**», эквивалентных доллару. Иногда, в германских магазинах цены могут указываться в немецких марках. Однако оплата должна производиться только в российских рублях по текущему курсу. Обменять иностранную валюту можно в любом банке или в многочисленных обменных пунктах, многие из которых находятся прямо в магазинах. Текущий курс покупки и продажи валюты указан на электронной таблице.

Все больше и больше появляется магазинов, ресторанов, гостиниц, авиакомпаний и т.д., где можно расплачиваться по кредитным картам. Принимаются карты Visa, Eurocard/Mastercard, American Express и другие. Если вы не успели завести кредитную карту у себя дома, это можно сделать в России, в любом банке, который выпускает пластиковые карты. Конечно, нужно иметь деньги для первичного единовременного взноса.

ТЕЛЕФОН

Пластиковые карты получают все большее и большее распространение в России. Недавно, например, в Москве появились телефоны-автоматы, работающие при помощи пластиковых карт. По такой карте можно звонить не только абонентам в Москве, но, практически, в любой точке земного шара. Купить телефонную пластиковую карту можно в кассах метро. Помимо этих имеются еще и телефоны-автоматы старого типа, работающие на жетонах. Из такого автомата можно разговаривать только в пределах города. Телефоны-автоматы расположены на улицах, а в Москве еще, как правило, и у входа в метро. Жетоны также можно купить в кассах метро.

Если же вам надо позвонить в другой город или за границу, вы можете сделать это с домашнего телефона. Всегда можно позвонить с Центрального телеграфа или с Центрального телефонного узла.

Бесплатно можно позвонить с любого телефона в аварийные службы:

При пожаре	01
Милиция	02
Скорая медицинская помощь	03
Мосгаз	04

ПОЧТА

Отправить письмо или открытку не составит никакого труда: почтовые отделения имеются в каждом районе города. Если вы хотите отправить корреспонденцию адресату, проживающему в России, обратите внимание, что адрес пишется как бы в обратном порядке: сначала указываются почтовый индекс и регион, затем — город, улица, дом, квартира и только в конце — имя адресата. Например:

> 670004 БУРЯТИЯ, г. Улан-Удэ
> ул. Воронежская, д. 6, кв. 83
> Назаренко Тарасу Владимировичу

РУССКАЯ КУХНЯ

Вы узнали, что русские любят поесть. Любят они и угощать. Культ хлебосольства на Руси так же древен, как и культ приготовления еды. Об этом написаны тома, и нет необходимости пересказывать их в таком кратком варианте, который может только испортить впечатление.

Если вас заинтересуют история и рецепты русской национальной кухни, вы сможете легко найти массу литературы на эту тему в многочисленных книжных магазинах и еще более многочисленных лотках и киосках прямо на улицах. (Это, кстати, тоже примета времени, хотя книги были всегда в чести и в советское время. Возможно, даже в большей, чем сейчас. Во всяком случае, тогда была видна хорошая литература, которая сейчас совершенно потерялась в море дешевого низкопробного чтива.)

В своей обычной жизни русские мало готовят по книгам, но свои национальные блюда любят и зачастую предпочитают блюдам из других кухонь мира, которые тоже довольно широко присутствуют в их меню.

Как в любой стране с холодным климатом, **завтрак** у русских довольно обилен. Традиционно это каши с маслом или молоком. Многие любят творог или творожники (сырники). Но большинство предпочитает бутерброды с сыром или колбасой или холодным мясом. И, конечно, кофе или чай, иногда с молоком.

Обед (приблизительно в 13-14 часов) на работе — либо в столовой, либо легкий перекус бутербродами, принесенными из дома.

Основная еда уже дома после работы. Это — первое, второе и третье блюда. На первое, как правило, подается суп, щи или борщ. Иногда — бульоны. На второе — чаще всего жареное или тушеное мясо или котлеты, рыба или курица. Обязательно с гарниром. На гарнир готовят картошку, вареную или жареную, рис или гречневую кашу. Сейчас все больше начинают готовить на гарнир овощи.

После этого традиционно может быть сладкий компот из фруктов или чай со сладостями: конфетами, пряниками, печеньем, пирожными или тортом.

Если это праздничное застолье, супы вам не предложат, но вы удивитесь обилию и разнообразию закусок и салатов. У неискушенных иностранцев вызывает шок появление мясных горячих блюд после того, как они абсолютно объелись закусок-деликатесов, думая, что это и есть основное угощение. Из алкогольных напитков любят водку, но в большом почете и хорошие коньяки. Никто, разумеется, не осудит вас, если вы предпочтете сухое вино, белое или красное. Оно непременно будет на любом столе. Так же, как и минеральная вода. Причем газированная. Редко кто пьет воду без газа.

А после всего этого изобилия — обязательно что-нибудь сладкое: мороженое или чай, или кофе с тортом и конфетами. А, может, и то, и другое.

Заметьте, русские никогда не станут пить только чай или кофе. Или есть торт или пирожное отдельно. Это только все вместе: едят сладкое и запивают чаем или кофе.

И будут разговоры. И, может быть, песни. Потому что русская душа — песенная.

Из таких разговоров с людьми, из их песен вы узнаете о России больше, чем из нашего учебника. Хотя мы льстим себя надеждой, что он поможет вам. Поможет, среди прочего, лучше выучить русский язык. И мы верим, что, приехав в Россию, вы не будете испытывать больших трудностей в общении с русскими, сможете преодолеть языковой барьер и понять народ огромной и прекрасной страны.

А. Назаренко

INFORMATION FOR VISITORS TO RUSSIA: A FOREIGNER'S PERSONAL POINT OF VIEW

I have lived in Moscow since 1992, and have seen many changes. Most, but far from all of them for the better. Life for many here has improved, become easier. Those with a well-paid job, and there are lots of them, and criminals at all levels of society — the 'Russian Mafia' — have never had it so good. But it is harder now for pensioners, the low-paid, and of course the unemployed.

I shall restrict my introductory comments on these changes to shops and shopping. When I came, in 1992, the shops were empty. Bare. People had money, but — because? — there was almost nothing to buy. If there was something for sale there was inevitably a very long queue. It was a 'deficit' society. Shop assistants with something to sell were prima donnas, all too often rude and arrogant. The customer was always wrong. I remember several occasions on which some drunken shop assistant shouted at Alla Leonidovna, my wife. For example, on two occasions, in different shops, she was shouted at for daring to go shopping on a Saturday or a Sunday: 'Why do you people come here when you should be at home with your family?'

The new market economy has brought with it a change in attitudes. You can now get anything — if you can afford it. Prices are very high. A new supermarket recently opened near to where I live. One of my colleagues goes there from time to time, just to look at what she can't afford. She calls it 'The Museum of Food'. There, and increasingly elsewhere, at least in privatised shops, staff are usually not rude and are even polite. They have a fairly well paid job and want to keep it. Nowadays customers can go elsewhere...

But this is Moscow. The capital. And the rest? It is difficult to grasp the sheer size of the Russian Federation:

— 17,078,005 square kilometers;
— 9 time zones (out of a total of 24 around the world);
— population about 150,000,000.

For comparison, the area of the United Kingdom is 244,046 square kilometres and its population is about 58,500,000.

Since the breakup of the Soviet Union, huge changes have taken place in the major cities. But life in many small towns and villages goes on as before. It is not possible to generalise about Russia as one can about the United Kingdom. But the information given below is probably applicable throughout Russia.

1. AN INVITATION TO A RUSSIAN HOME

Most Russians are not as 'formally friendly' as Westerners are to people they do not know. No smiling at a complete stranger on the street if you happen to make eye contact. No 'Lovely day, isn't it?' But when Russians get to know someone, they can be very, very generous and hospitable. If you make friends with a Russian, the chances are that you will have a very good and sincere friend indeed. And gone are the days when, with good reason, Russians were afraid of contacts with foreigners. Students, especially, are eager to speak with foreigners, especially in English. But where? In Britain there are lots of places to meet friends and acquaintances. True, more and more bars, pubs, cafes and restaurants are springing up all over Russia. But they tend to be too expensive for most Russians. It is quite possible, nowadays, that you will be invited to visit a Russian friend at home. If so, try very hard to memorise not only your friend's first name, but also his or her patronymic. And those of any other older members of the family. This is difficult, but worth the effort. A good idea is to write them down in a pocket-sized notebook. When visiting a Russian family, take with you a box of chocolates, some flowers, a bottle of wine, or a souvenir from your own country depicting something 'local'.

It is usually best to dress informally.

When you arrive at the flat or house do not shake hands over the doorstep. This is a Russian superstition. But **do** remove your shoes and put on a pair of slippers — **тапочки** — which will be provided. Better still, take your own slippers.

2. GREETINGS

Any time: **Здравствуйте!**
Any time, when meeting a friend: **Привет!**
In the morning — (about 6am – 12 noon): **Доброе утро!**
In the afternoon — (12 noon – 6pm): **Добрый день!**
In the evening — (about 6pm – 10pm): **Добрый вечер!**
At bedtime — (going to bed): **Спокойной ночи!**
Before a holiday or feast: **С наступающим (праздником!)**
During a holiday: **С праздником!**
At Christmas: **С Рождеством Христовым!**
At New Year: **С Новым годом!**
At New Year, old calendar: **Со старым Новым годом!**
At Easter: **Христос воскрес!**
Which is answered: **Воистину воскрес!**

Note that **С** in, for example, **С Новым годом!** is short for **Поздравляю Вас с Новым годом!** — 'I congratulate you on (with)...'

3. SHOPS AND SHOPPING

There are several types of shops. On the pavement there are **киоски, палатки** and **ларьки**, small wooden or metal boxes which at first sold mainly beer, spirits, cigarettes and sweets, but which now offer a large range of goods, mainly foodstuffs, as well. You pay and receive your purchase through a very small window/hatch. They are slowly but surely being replaced, in Moscow at least, by real buildings which are larger. You can go into them, which in winter or when it is raining is a huge improvement.

Other types of shops include:

универсам — traditionally mainly foodstuffs
универмаг — traditionally mainly clothing and footwear
супермаркет, минимаркет — more recently introduced, mainly foodstuffs
хозяйственные товары — household goods
обувь — footwear
одежда — clothes

And then there are real outdoor municipal markets — **муниципальный рынок** — which are often less expensive than the shops, and which offer a good range of fruit and vegetables as well as a wide range of clothes and consumer goods.

The place to go for a bargain is a wholesale market — **оптовый рынок**. Some are similar to municipal markets, with a wide range of goods. Others are specialised. For example, **Радиорынок** in Mitino, Moscow, is worth a visit if you want to save on electrical goods.

QUEUES AND QUEUING

Q. When is a queue not a queue?
A. When it's a Russian bus or tram queue.

People stand in a crowd near the stop. When the bus or tram arrives, two or more doors open and people just pile in. There is no concept of first come first served.

People do form proper queues in shops. But there are often people standing in or near the queue just to look at what is on sale. So the questions to ask when joining a queue are:

Кто последний? and **Вы стоите?** — 'Are you standing (in the queue)?'.

If there are, say, five people standing in front of you in a queue, do not assume that you are number six. In a shop with several counters and several queues it is possible to be in all the queues at the same time! The trick is to ask somebody to save your place:

Кто последний?
Я.
Я за вами.

Your place will usually be saved.

4. TRAFFIC, DRIVING AND ROAD SAFETY

ROAD SAFETY

Driving in Russia can be a nightmare. There are lots of accidents caused by bad driving. Jumping green lights and going through red ones at crossroads is common.

If there is a traffic jam, a significant number of vehicles will drive on the wrong side of the road — even when there are double white lines — and, of course, on the pavement.

Pedestrian crossings with traffic lights are especially dangerous. Don't assume that all the cars will stop because the lights are red, and the little green man tells you that you can safely cross the road.

A prestigious western guidebook, 1991 edition, says 'On pedestrian crossings, marked by diagonal lines, pedestrians have absolute priority'. Don't you believe it! Zebra crossings in Russia are probably the biggest single danger for foreigners. **Never** assume that cars will slow down or stop because you are on a zebra crossing. They won't. I don't. I did for the first couple of days here, and nearly ended up with a lorry or two in the boot.

The traffic police — **ГАИ** (now called **ГИБДД**) — never seem to notice these things, but they are red hot on speed limits. They lurk all over the place with their radar traps. So drive within the limits. (Many private cars here are fitted with radar warning devices and even with radar jamming equipment! If there is a rule, a way round it will be found!)

TAXIS AND 'TAXIS'

There used to be lots of real, official taxis in Moscow, but they almost disappeared in about 1993. Now they are starting to reappear, but there are still not many of them. However, it is very easy to get a 'taxi'. Just stand at the edge of the pavement, or in the road, and hold out an arm. Very soon a car will stop. I have had lifts in private cars, lorries, ambulances and once even in a luxury Intourist coach. When the 'taxi' stops, just tell the driver where you want to go. If it suits him, he will ask you to get in: «**Садитесь**». Before getting in, it is best to agree on the price. Just say how much you are willing to pay: «**десять**», for example. As a foreigner, it is best to add 'roubles' — «**десять рублей**» — just to make it clear that you are not talking US dollars. (See ДЕНЬГИ, above, for a note on the new currency.) Some guide-books do not recommend foreigners to try getting a lift in private cars for the sake of personal security. I have never had a problem — apart from a crash! But you should remember a golden rule observed even by Russians: **never** ever get into a 'taxi' if there are two or more people in it, including the driver.

5. CUSTOMS AND SUPERSTITIONS

— Never shake hands over the threshold.

— Never whistle in a house.

— If you forget something at home and have to go back for it, smile at yourself in a mirror before going out again.

— It is bad luck to see a black cat crossing a road in front of you.

6. Вы and Ты

Do as I say and not as I do! To be honest, I have a sort of prejudice against addressing people I like and know well as **Вы**. I think that **Ты** is more friendly — which it usually is. But not always. For example, I often say **Ты** to my mother-in-law. It just slips out. But she invariably uses the **Вы** form when talking to me. She explained that it shows respect, and does not imply a lack of affection. Fortunately she knows that I am not being disrespectful to her when I use **Ты**. Partly, I suspect, because I am a foreigner and therefore don't know better...

Way back in 1905–1917, a major complaint of peasants and military conscripts was that landlords and officers addressed them as **Ты**. This is a very complicated subject. So, to be on the safe side, use **Вы** unless and until somebody addresses you as **Ты**. However, perhaps a person who likes you would like to use the **Ты** form, but is too shy to suggest it. In this case, you can suggest **Можно на ты?**. The answer will most likely be **Да, конечно** or something similar. But don't be offended if you are very soon **Вы** again. It is harder to be 'affectionate' than to show respect.

A final comment. As you may have noticed, Russian is not an easy language for a foreigner to master. I am still struggling. But help is at hand. We have student exchange schemes and students of Russian, at different levels, from many countries in our faculty. Why not join them for a term or a year?

Our address is:

117192 Moscow,
The Faculty of Foreign Languages,
Moscow State University,
Lemonosovsky Prospekt 31, Korpus 1,
Russia

Telephone: (+7 095) 932 88 16 / 939 15 25
E-mail: anazarenko@intcol.msu.su

Русские дикторы

Урок 1: **Алла Назаренко, Андрей Бирюков**
Alla Nazarenko, Andrei Biriukov

Урок 2: **Ирина Анастасьева**
Irina Anastas´eva

Урок 3: **Сергей Цыпин**
Sergei Tsypin

Урок 4: **Ирина Зубкова**
Irina Zubkova

Урок 5: **Маргарита Лоевская**
Margarita Loevskaia

Урок 6: Текст 1 **Богдана Казнадзей**
Bogdana Kaznadzei
Текст 2 **Алла Назаренко, Роман Орлов**
Alla Nazarenko, Roman Orlov

Урок 7: Текст 1 **Дарья Гусева, Александр Ляпидус, Андрей Бирюков**
Dar´a Guseva, Aleksandr Liapidus, Andrei Biriukov
Текст 2 **Олег Комков**
Oleg Komkov

Урок 8: **Роман Орлов**
Roman Orlov

Урок 9: **Алла Назаренко, Юрий Шулаков**
Alla Nazarenko, Iurii Shulakov

Урок 10: **Алла Назаренко, Евгений Попов**
Alla Nazarenko, Evgenii Popov

Урок 11: **Екатерина Гетта**
Ekaterina Getta

Урок 12: **Олег Комков**
Oleg Komkov

Урок 13: **Андрей Бирюков, Олег Комков**
Andrei Biriukov, Oleg Komkov